त्रिवेणी

आचार्य रामचन्द्र शुक्ल

प्रस्तावना

डॉ० योगेन्द्र प्रताप सिंह

लोकभारती प्रकाशन

लोकभारती प्रकाशन
पहली मंजिल, दरबारी बिल्डिंग, महात्मा गाँधी मार्ग
प्रयागराज-211 001
वेबसाइट : www.lokbhartiprakashan.com
ईमेल : info@lokbhartiprakashan.com

शाखाएँ : 1-बी, नेताजी सुभाष मार्ग, दरियागंज
नयी दिल्ली-110 002
अशोक राजपथ, साइन्स कॉलेज के सामने
पटना-800 006
36-ए, शेक्सपियर सरणी
कोलकाता-700 017 (प. बंगाल)

मूल्य : ₹ 175

प्रथम संस्करण : 2017
द्वितीय संस्करण : 2019

जे.के. आर्ट प्रेस
प्रयागराज द्वारा मुद्रित

TRIVENI
Edited by Acharya Ramchandra Shukla

ISBN : 978-93-5221-139-5

त्रिवेणी

आचार्य रामचन्द्र शुक्ल की तीन आलोचनात्मक कृतियों मलिक मुहम्मद जायसी (पद्मावत की भूमिका), महाकवि सूरदास तथा गोस्वामी तुलसीदास से स्वयं शुक्ल द्वारा संकलित आलोचनात्मक अंशों का संकलन।

अनुक्रम

●

आचार्य शुक्ल ने इन स्थलों की व्याख्या जिन भावान्वितियों के आधार पर जीवन्त बनाकर की है, हिन्दी साहित्य में अभी तक किसी भी आलोचक की सर्जन शक्ति वहाँ तक नहीं जा सकी है। इन सन्दर्भों के लोकात्मक प्रसंगों की चर्चा करते हुए उनकी अन्तिम परिणति साहित्यिक बिन्दुओं, अनुभाव, भाव, विभाव आदि रचना एवं आस्वादन भूमियों तक ले जाती हैं। जीवन एवं साहित्य के केन्द्रीय बिन्दुओं से आलोच्य सन्दर्भों को जोड़कर आचार्य तुलसी के रचनामर्म कौशल को उनकी परिपूर्णता पर निरन्तर प्रतिष्ठित करते हैं और उनकी यह विश्लेषण दृष्टि उनकी आत्ममयता एवं साहित्यिक चिन्तन के समन्वित रूप में दिखायी पड़ते हैं। सन् 1939 से काशी नागरी प्रचारिणी पत्रिका में प्रकाशित उनका यह लेख सन् 1939 का है और आज से 78 वर्षों पूर्व लिखा गया यह प्रबन्ध सन्दर्भ आज भी नया है।

जैसा कि कहा जा चुका है, आचार्य रामचन्द्र शुक्ल ने हिन्दी साहित्य की भक्ति काव्य धारा का पूर्ण विकास सन् 1318 से सन् 1643 अर्थात् संवत् 1375 से संवत् 1700 तक स्वीकार करते हुए हिन्दी काव्यभाषा का पूर्ण उत्कर्ष काल इस भक्तिकाल की व्याख्या में यहाँ 'कबीरदास' छूट गये हैं और जबकि आज अनुभव किया जा रहा है कि यदि इस परम्परा में उन्हें भी जोड़ लिया गया होता तो यह 'त्रिवेणी' सर्वथा एक पूर्ण कृति होती।

योगेन्द्र प्रताप सिंह
25 दिसम्बर, सन् 2016

नहीं मिलता। महाकवि सूरदास का सम्पूर्ण साहित्य इस अखण्ड धारा का सर्वतोत्कृष्ट प्रमाण है और आचार्य रामचन्द्र शुक्ल ने इसीलिए अपनी त्रिवेणी में इन्हें सूर्यपुत्री यमुना जैसा स्थान दिया है।

सूरसाहित्य का सर्वाधिक महत्त्वपूर्ण सन्दर्भ लीला तथा अध्यात्म के समन्वय का है और इस अध्यात्म के समन्वय को इन्होंने 'भ्रमरगीतसार' प्रकारान्तर से महाकवि सूरदास में इन्होंने छोड़ दिया है। सम्पूर्ण सूरसागर लोकजीवन की नैसर्गिक भावभूमि, साहित्यिक अन्विति की नयी विचारधारा एवं अध्यात्म रचना का समन्वय है। नैसर्गिक लोकभूमि पर सूर का सम्पूर्ण काव्यजगत् स्थित है। शिशु जन्म से लेकर वात्सल्य एवं सख्य भावभूमि का मूलाधार है। सख्य के बाद इस लोकात्मक भावभूमि का सूरकाव्य मूलाधार है और सख्य तथा शान्त की भावभूमि सूरकाव्य को लोक तथा अध्यात्म दोनों की ओर ले जाती है। सूर इन सभी लोकभावों को भक्तिरस की भावभूमि में बाँधकर लोक का अतिक्रमण करते हुए दिखायी पड़ते हैं और उसकी परिस्थिति 'लीला एवं भक्तिरस' या आनन्द में करके अपनी सम्पूर्ण लोकात्मक भाववृत्तियों को अन्ततया आनन्दमयी भक्ति से आवेष्टित करके लीलारस में परिणत करते हैं। भाव, भक्ति का लीलारस में सम्मिलन ब्रह्मानुभूति एवं भक्ति की आनन्दमयी चेतना का महत्तम निष्कर्ष है और भाव तथा भक्ति की चर्चा के बाद कृष्णभक्ति काव्य की लीलामयी अन्विति को आचार्य शुक्ल भूल जाते हैं।

'त्रिवेणी' की तीसरी धारा तुलसी साहित्य की है। तुलसी ग्रन्थावली से निकली उनकी कृति मूलतः गोस्वामी तुलसीदास से सम्बद्ध अंश है। हिन्दी साहित्य के आलोचकों में आचार्य रामचन्द्र शुक्ल तुलसी के अग्रगण्य विवेचकों में हैं और उनकी प्रतिभा की पयस्विनी रामसाहित्य के सागर में डूबकर निरन्तर नये मूल्यों एवं मानकों को प्रकाश में ले आने के लिए तत्पर दिखायी पड़ती है। जीवन की भावमयी भंगिमाओं की अपूर्वता की रचना के नवीन उन्मेषों की खोज और तुलसी की प्रखर एवं सचेतन ऊर्जा पूर्ण भावमयी संकल्पना के बिन्दुओं को बार-बार लोकचेतना से जोड़कर प्रकाशित करने का कार्य उनकी भाव तथा रसमयी आलोचक दृष्टि का कार्य रहा है। आचार्य शुक्ल जैसा तुलसी काव्य के रचनात्मक कौशल प्रतिभासामर्थ्य जैसा विवेचन हिन्दी में अभी तक नहीं हुआ है। उनकी आलोचक दृष्टि सर्वथा भावमयी संवेदना से आप्लावित पाठकों को जीवन की आवेगपूर्ण भावरस धारा से निरन्तर जोड़ती चलती है। उनकी दृष्टि में, रामचरितमानस का कृतित्व यदि भारतीय जीवन्त संस्कृति का प्राण है तो उनकी काव्यरचनाकौशल का महाचैतन्य तत्त्व मानस के अयोध्याकाण्ड से लेकर लंकाकाण्ड के विविध प्रसंग हैं। यथा—"राम का अयोध्यात्याग और पथिक रूप में वनगमन, चित्रकूट में राम और भरत का मिलन, शबरी का आतिथ्य, लक्ष्मण को शक्ति लगने पर राम विलाप, भरत की प्रतीक्षा" आदि।

कह सुरूप पदमावती रानी। कोउ न रहा जग रही कहानी।।
धनि सो पुरुष जस कीरति जासू। फूल मरै पर मेरे न बासू।
कोई न जगत जस बेंचा केहि न लीन्ह जस मोल।
जो यह पढ़ै कहानी, हम सँवरे दुइ बोल।

यहाँ इन पंक्तियों में अभिव्यक्त व्यंजनाएँ, 'रत्नसेन और पद्मावती' की अजेय यश शक्ति की गाथा के साथ-साथ सर्जक जायसी की उद्रेकमयी सर्जनात्मक समन्वय शक्ति के साथ मिलकर एक हो उठती है।

'त्रिवेणी' के दूसरे हिन्दी भक्तिकाल के महाकवि सूरदास जी हैं। भक्तिकालीन कविता एक ओर लोक तथा अध्यात्म के बीच समन्वय स्थापित करती है तो दूसरी ओर जीवन और जगत् स्नेह भरी प्रपंचात्मक गाथा धूल की झड़ी में फूँक मारकर मिथ्यात्व से जोड़ देती है। इसी क्रम में जायसी की भाँति इस परम्परा के दूसरे कवि हैं महाकवि सूरदास जी जो ब्रह्म तथा उनकी लोकमयी लीला को अद्वैतमयी सत्य से जोड़कर राधा-कृष्ण को अज्ञात नियति के हाथों में सौंप देती है। राधा से तो कृष्ण कुरुक्षेत्र में एक बार मिले भी किन्तु सम्पूर्ण ग्वाल, गोपियाँ, यशोदा, नन्दबाबा का पता नहीं चलता। सूरदास ने लीला का आनन्दप्लावित सर्जन अपनी कृतियों में किया है, एक ओर वह जीवन जीने के चैतन्य से स्पन्दित है, तो दूसरी ओर अध्यात्म-समन्वय की संचेतना के साथ वह निरन्तर चित्त को विगलित किये हुए है।

जैसा कि प्रारम्भ में कहा जा चुका है, आचार्य रामचन्द्र शुक्ल ने भक्तिकाल को हिन्दी साहित्य की मूल चेतना के रूप में स्वीकार करते हुए जायसी, सूरदास एवं तुलसीदास के कृतित्व द्वारा 'त्रिवेणी' की योजना करके उनकी विलक्षण रचना शक्ति द्वारा राष्ट्रभाषा हिन्दी एवं भारत की विविधता को एक धारा से जोड़ा—जिसे यह कृति पूरी तरह से व्यंजित करती है।

त्रिवेणी में आचार्य शुक्ल जी का 'महाकवि सूरदास' शीर्षक निबन्ध का सन्दर्भ भगवान् के लीला विलास से सम्बद्ध उनकी भावमयी अद्भुत सर्जनात्मक प्रतिभाशक्ति का अद्वितीय सौन्दर्य है।

लीला ब्रह्म की अद्वैतता का विलासमयी सन्दर्भ है—कृष्ण भक्तिकाव्य में इसकी जीवन्तता मानवीय जीवन की भावमयी सचेतनता से शुरू होती है—जो सम्पूर्ण प्राणि जगत् के लिए भाववृत्ति का अक्षम कोश है। यह मूलवृत्ति नैसर्गिक रूप से सम्पूर्ण जगत् के चेतन संस्कारों से जुड़कर मानवीय सम्बन्धों की भिन्नता को छिन्न करती हुई, उन्हें आनन्दमयी भावावेश द्वारा निरन्तर जोड़ती है। विदेशी सत्ता के आतंक भरे उत्साह से छिन्न-भिन्न तथा विखण्डित होती हुई भारतीय समाज की विखण्डनमयता को एक सूत्र में बाँधकर उन्हें पुनः एकमेव होने का कृष्णभक्ति साहित्य ने लीला की अवधारणा द्वारा जो परिवेश बनाया है, भारत में वैसा कोई अन्य सन्दर्भ या दृष्टान्त इससे शक्ति-शाली

के अमूल्य धरोहर के रूप में स्नातकोत्तर पाठ्यक्रम काशी हिन्दू विश्वविद्यालय, काशी तथा इलाहाबाद विश्वविद्यालय एवं भारत के अन्य हिन्दी विभागों से जुड़े पाठ्यक्रम का अनिवार्य अंग बन गया।

आचार्य रामचन्द्र शुक्ल की हिन्दी साहित्य की उत्कृष्टता को लेकर भक्तिकाल के सम्बन्ध में उनका विचार नितान्त स्पष्ट है। वे हिन्दी भक्ति कविता को लोकहित से सम्बद्ध मूल्यवाद, उत्कृष्टतम भावात्मक अभिव्यक्ति के स्वरूप एवं भारतीय जन-जीवन से जुड़ी भावात्मक आत्ममयता—इन तीनों दृष्टियों से भक्तिकाल, रीतिकाल और आधुनिक युग के काव्य सन्दर्भों से श्रेष्ठतम स्वीकार करते हैं और उनकी यह त्रिवेणी—कवि जायसी, महाकवि सूरदास एवं लोकमंगल के एक सर्वश्रेष्ठ कवि तुलसीदास के वैदुष्यगर्भित संकलन का मानक आधार है—किन्तु खेद का विषय है कि कबीर जैसे मानववादी चिन्तक की भावमयी समन्वयवादी कविता को अपने दायरे के बाहर रखा। मध्यकालीन हिन्दी भक्ति काव्य के गौरवपूर्ण इन चारों स्तम्भों को मिलाकर न रखने के कारण हिन्दी भक्ति साहित्य की प्रवहमान् काव्यधारा की अखण्डता खण्डित-सी दिखायी पड़ती है। हिन्दी भक्ति की आनन्दमयी तीन सरिताओं की यह संगममयी त्रिवेणी सम्पूर्ण भारत के हिन्दी-जगत् को जोड़ने में पर्याप्त सक्षम एवं समर्थ है।

मध्यकालीन हिन्दी भक्तिचेतना के समन्वयवादी लोकजीवन के हितैषी तीनों कवि—मलिक मुहम्मद जायसी, सूरदास एवं गोस्वामी तुलसीदास की लोकशक्ति, जन-चेतना से अजस्र भाव से जुड़े, मानव-जीवन ही नहीं सम्पूर्ण जीव-जगत् के अपनी प्रेम धारा से जोड़ने के प्रति तत्पर जायसी तथा ब्रह्म एवं उनकी लीला को लोकप्रेम अध्यात्म से सम्बद्ध करके जन-जन के हृदय की प्रेम-भावमयता का अभिन्न अंग बना दिया है। सम्पूर्ण हिन्दी के ही नहीं, वरन् आज भारत के सर्जक तथा साहित्यकार एवं चिन्तक इन कवियों से आत्म परम्परा को जोड़ने में गर्व का अनुभव करते हैं। इन कवियों के जिन सन्दर्भों को लेकर आचार्यप्रवर पण्डित रामचन्द्र शुक्ल ने 'त्रिवेणी' जैसी निबन्ध प्रति प्रस्तुत की है उसकी संक्षिप्त मीमांसा अपेक्षित है।

मलिक मुहम्मद जायसी

आचार्य शुक्ल के इतिहास-लेखन का एक आधार है, भक्ति शाखा के विभाजन के बाद त्रिवेणी के तीन कवियों का तीन भिन्न शाखाओं में विभाजन। उनके अनुसार जायसी प्रेममार्गी सूफी शाखा के **साधु कवि** हैं। आचार्य शुक्ल का साधुकवि से तात्पर्य है—भक्त साधक कवि एवं प्रेममार्गी से तात्पर्य है—राजाओं से सम्बद्ध इतिहास की युद्ध एवं पराक्रम की शैली का निषेध करते हुए लोकजीवन की प्रेममयी चेतना से उन्हें जोड़ना और इस प्रेममयी चेतना के इतिहास का सन्दर्भ जायसी पद्मावत के पूर्व की काव्य कृतियों की परम्परा का उल्लेख इस प्रकार करते हैं—सपनावती, मुग्धावती,

वक्तव्य

आचार्य रामचन्द्र शुक्ल द्वारा समीक्षा लेखन का प्रारम्भ सन् 1903 से प्रारम्भ होता है। उनकी पहली समीक्षा सन् 1903 में अंग्रेजी भाषा में लेखन से प्रारम्भ होती है। उनकी यह समीक्षा हिन्दी के कतिपय छायावादी कवियों के लेखन से सम्बद्ध है। इस निबन्ध का शीर्षक है–Some bad traits of modern Hindi writer.

यह लेख सन् 1903 में ही 'हिन्दुस्तान रिव्यू' में छपा था। ततश्च उन्होंने हिन्दी भाषा में सन् 1904 से लेकर सन् 1918 तक **सरस्वती, आनन्द कादम्बिनी** एवं **नागरी प्रचारिणी पत्रिका** में कई लेख लिखे और हिन्दी निबन्ध-लेखन की एक परम्परा प्रवाहित कर दी। इन निबन्धों का सम्बन्ध हिन्दी की व्यावहारिक तथा सैद्धान्तिक समीक्षाओं से है। इसी कालखण्ड में उनकी व्यावहारिक समीक्षा से सम्बद्ध सबसे महत्त्वपूर्ण लेख–**गोस्वामी तुलसीदास और लोकधर्म**–काशी नागरी प्रचारिणी से सन् 1939 से प्रकाशित हुआ। इसी वर्ष, अर्थात् सन् 1939 में ही गोस्वामी तुलसीदास पर उनकी कृति **गोस्वामी तुलसीदास** भी प्रकाशित हुई। इसी प्रकार, **'त्रिवेणी'** संकलन से सम्बन्धित उनके दो लेख इसके पूर्व प्रकाशित हो चुके थे–महाकवि सूरदास और मलिक मुहम्मद जायसी। ये लेख सन् 1924 तथा 1939 में लिखे गये थे।

इन तीनों लेखों को एक साथ संकलित तथा सम्पादित करके सन् 1943 में इसे काशी नागरी प्रचारिणी की ओर से 'त्रिवेणी' नाम से प्रकाशित कराया। इनके इन निबन्धों की शैली वैयक्तिकता, स्वच्छन्दता तथा हृदय-पक्ष का भावात्मक आग्रह इन तीन तत्त्वों से समन्वित है। निबन्धकार के इस संचयन में चयन का आधार उत्कृष्टता न बनाकर काल की दृष्टि से ज्येष्ठता का चयन किया गया और क्रमशः महाकवि जायसी, महाकवि सूरदास तथा गोस्वामी तुलसीदास क्रमबद्ध रूप से यहाँ रखे गये।

अब तक हिन्दी साहित्य में निबन्ध संकलनों की एक लम्बी सूची दिखायी पड़ती है किन्तु आचार्य रामचन्द्र शुक्ल परम्परा से हटकर यहाँ इन तीन निबन्धों को इस दृष्टि से संकलित करना चाहते थे कि इसके द्वारा साहित्य की परम्परा की श्रेष्ठता तथा निबन्धरचना का मानकीकरण हो सके। यह संकलन प्रकाशित होते ही हिन्दी साहित्य

मलिक मुहम्मद जायसी

सौ वर्ष पूर्व कबीरदास हिन्दू और मुसलमान दोनों के कट्टरपन को फटकार चुके थे। पण्डित और मुल्लाओं की तो नहीं कह सकते पर साधारण जनता 'राम और रहीम' की एकता मान चुकी थी। साधुओं और फकीरों को दोनों दीन के लोग आदर और मान की दृष्टि से देखते थे। साधु या फकीर भी सर्वप्रिय वे ही हो सकते थे, जो भेदभाव से परे दिखायी पड़ते थे। बहुत दिनों तक एक साथ रहते-रहते हिन्दू और मुसलमान एक-दूसरे के सामने अपना-अपना हृदय खोलने लग गये थे, जिससे मनुष्यता के सामान्य भावों के प्रवाह में मग्न होने और मग्न करने का समय आ गया था। जनता की प्रवृत्ति भेद से अभेद की ओर हो चली थी। मुसलमान हिन्दुओं की राम-कहानी सुनने को तैयार हो गये थे और हिन्दू मुसलमानों का दास्तानहमजा। नल और दमयन्ती की कथा मुसलमान जानने लगे थे और लैला और मजनूँ की हिन्दू। ईश्वर तक पहुँचनेवाला मार्ग ढूँढ़ने की सलाह भी दोनों कभी-कभी साथ बैठकर करने लगे थे। इधर भक्तिमार्ग के आचार्य और महात्मा भगवत्प्रेम को सर्वोपरि ठहरा चुके थे और उधर सूफी महात्मा मुसलमानों को 'इश्क़ हक़ीक़ी' का सबक पढ़ाते आ रहे थे।

चैतन्य महाप्रभु, वल्लभाचार्य और रामानन्द के प्रभाव से प्रेमप्रधान वैष्णव धर्म का जो प्रवाह बंग देश से लेकर गुजरात तक रहा, उसका सबसे अधिक विरोध शाक्तमत और वाममार्ग के साथ दिखायी पड़ा। शाक्तमतविहित पशुहिंसा, मन्त्र, तन्त्र तथा यक्षिणी आदि की पूजा वेदविरुद्ध अनाचार के रूप में समझी जाने लगी। हिन्दुओं और मुसलमानों दोनों के बीच की 'साधुता' का सामान्य आदर्श प्रतिष्ठित हो गया था। बहुत-से मुसलमान फकीर भी अहिंसा का सिद्धान्त स्वीकार करके मांस-भक्षण को बुरा कहने लगे।

ऐसे समय में कुछ भावुक मुसलमान 'प्रेम की पीर' की कहानियाँ लेकर साहित्य-क्षेत्र में उतरे। ये कहानियाँ हिन्दुओं के ही घरों की थीं। इनकी मधुरता और कोमलता का अनुभव करके इन कवियों ने यह दिखला दिया कि एक ही गुप्त तार मनुष्यमात्र के हृदयों से होता हुआ गया है जिसे छूते ही मनुष्य सारे बाहरी रूप-रंग के भेदों की ओर से ध्यान हटा एकत्व का अनुभव करने लगता है।

अमीर खुसरो ने मुसलमानी राजत्वकाल के आरम्भ में ही हिन्दू जनता के प्रेम और विनोद में योग देकर भावों के परस्पर आदान-प्रदान का सूत्रपात किया था, पर अलाउद्दीन के कट्टरपन और अत्याचार के कारण दोनों जातियाँ एक-दूसरे से खिंची-सी रहीं, उनका हृदय मिल न सका। कबीर की अटपटी वाणी से भी दोनों के दिल साफ न हुए। मनुष्य-मनुष्य के बीच जो रागात्मक सम्बन्ध है वह उसके द्वारा व्यक्त न हुआ। अपने नित्य के व्यवहार में जिस हृदयसाम्य का अनुभव मनुष्य कभी-कभी किया करता है, उसकी अभिव्यंजना उससे न हुई। जिस प्रकार दूसरी जाति या मतवाले के हृदय हैं, उसी प्रकार हमारे भी हैं, जिस प्रकार दूसरों के हृदय में प्रेम की तरंगें उठती हैं उसी प्रकार हमारे हृदय में भी, प्रिय का वियोग जैसे दूसरों को व्याकुल करता है वैसे ही हमें भी, माता का जो हृदय दूसरे के यहाँ है वही हमारे यहाँ भी। जिन बातों से दूसरों को सुख-दुःख होता है उन्हीं बातों से हमें भी। इस तथ्य का प्रत्यक्षीकरण कुतबन, जायसी आदि प्रेमकहानी के कवियों द्वारा हुआ। अपनी कहानियों द्वारा इन्होंने प्रेम का शुद्ध मार्ग दिखाते हुए उन सामान्य जीवनदशाओं को सामने रखा जिनका मनुष्यमात्र के हृदय पर एक-सा प्रभाव दिखायी पड़ता है। हिन्दू हृदय और मुसलमान हृदय आमने-सामने करके अजनबीपन मिटानेवालों में इन्हीं का नाम लेना पड़ेगा। इन्होंने मुसलमान होकर हिन्दुओं की कहानियाँ हिन्दुओं की ही बोली में पूरी सहृदयता से कहकर उनके जीवन की मर्मस्पर्शिनी अवस्थाओं के साथ अपने उदार हृदय का पूर्ण सामंजस्य दिखा दिया। कबीर ने केवल भिन्न प्रतीत होती हुई परोक्ष सत्ता की एकता का आभास दिया था। प्रत्यक्ष जीवन की एकता का दृश्य सामने रखने की आवश्यकता बनी थी, वह जायसी द्वारा पूरी हुई।

प्रेमगाथा की परम्परा—इस नवीन शैली की प्रेमगाथा का आविर्भाव इस बात के प्रमाणों में से है कि इतिहास में किसी राजा के कार्य सदा लोकप्रवृत्ति के प्रतिबिम्ब नहीं हुआ करते। इसी बात को ध्यान में रखकर कुछ नवीन पद्धति के इतिहासकार प्रकरणों का विभाग राजाओं के राजत्वकाल के अनुसार न कर लोक की प्रवृत्ति के अनुसार करना चाहते थे। एक ओर तो कट्टर और अन्यायी सिकन्दर लोदी मथुरा के मन्दिरों को गिराकर मसजिदें खड़ी कर रहा था और हिन्दुओं पर अनेक प्रकार के अत्याचार कर रहा था। दूसरी ओर पूरब में बंगाल के शासक हुसेनशाह के अनुरोध से, जिसने 'सत्य पीर' की कथा चलायी थी, कुतबन मियाँ एक ऐसी कहानी लेकर जनता के सामने आये जिसके द्वारा उन्होंने मुसलमान होते हुए भी अपने मनुष्य होने का परिचय दिया। इसी मनुष्यत्व को ऊपर करने से हिन्दूपन, मुसलमानपन, ईसाईपन आदि के उस स्वरूप का प्रतिरोध होता है जो विरोध की ओर ले जाता है। हिन्दुओं और मुसलमानों को एक साथ रहते अब

इतने दिन हो गये थे कि दोनों का ध्यान मनुष्यता के सामान्य स्वरूप की ओर स्वभावतः जाये।

कुतबन चिश्ती वंश के शेख बुरहान के शिष्य थे। उन्होंने 'मृगावती' नाम का एक काव्य सन् 909 हिजरी में लिखा। इसमें चन्द्रनगर के राजा गणपतिदेव के राजकुमार और कंचननगर के राजा रूपमुरार की कन्या मृगावती के प्रेम की कथा है।

जायसी ने प्रेमियों के दृष्टान्त देते हुए अपने से पूर्व लिखी कुछ प्रेम-कहानियों का उल्लेख किया है–

विक्रम धँसा प्रेम के बारा। सपनावति कहँ गयउ पतारा॥
मधूपाछ मुगुधावति लागी। गगनपूर होइगा बैरागी॥
राजकुँवर कंचनपुर गयऊ। मिरगावति कहँ जोगी भयऊ॥
साधु कुँवर खंडावत जोगू। मधुमालति कर कीन्ह वियोगू॥
प्रेमावति कहँ सुरसरि साधा। ऊषा लगि अनिरुध बर बाधा॥

विक्रमादित्य और ऊषा-अनिरुद्ध की प्रसिद्ध कथाओं को छोड़ देने से चार प्रेम-कहानियाँ जायसी के पूर्व लिखी हुई पायी जाती हैं। इनमें से 'मृगावती' की एक खण्डित प्रति का पता तो नागरी प्रचारिणी सभा को लग चुका है। 'मधुमालती' की भी फारसी अक्षरों में लिखी हुई एक प्रति मैंने किसी सज्जन के पास देखी थी, पर किसके पास, यह स्मरण नहीं। चतुर्भुजदास कृत 'मधुमालती कथा' नागरी प्रचारिणी सभा को मिली है, जिसका निर्माणकाल ज्ञात नहीं और जो अत्यन्त भ्रष्ट गद्य में है। 'मुग्धावती' और 'प्रेमावती' का पता अभी तक नहीं लगा है। जायसी के पीछे भी 'प्रेमगाथा' की यह परम्परा कुछ दिनों तक चलती रही। गाजीपुर निवासी शेख हुसेन के पुत्र उसमान (मान) ने संवत् 1670 के लगभग चित्रावली लिखी, जिसमें नेपाल के राजा धरनीधर के पुत्र सुजान और रूपनगर के राजा चित्रसेन की कन्या चित्रावली की प्रेमकहानी है। भाषा इसकी अवधी होने पर भी कुछ भोजपुरी लिये है। यह नागरी प्रचारिणी सभा द्वारा प्रकाशित हो चुकी है। दूसरी पुस्तक नूरमुहम्मद की 'इन्द्रावत' है, जो संवत् 1796 में लिखी गयी थी। इसे भी उक्त सभा प्रकाशित कर चुकी है।

इन प्रेमगाथा काव्यों के सम्बन्ध में पहली बात ध्यान देने की यह है कि इनकी रचना बिलकुल भारतीय चरितकाव्यों की सर्गबद्ध शैली पर न होकर फारसी की मसनवियों के ढंग पर हुई है, जिसमें कथा सर्गों या अध्यायों में विस्तार के हिसाब से विभक्त नहीं होती, बराबर चली चलती है, केवल स्थान-स्थान पर घटनाओं या प्रसंगों का उल्लेख शीर्षक के रूप में रहता है। मसनवी के लिए साहित्यिक नियम तो केवल इतना ही समझा जाता है कि सारा काव्य एक ही मसनवी छन्द में हो, पर परम्परा के अनुसार उसमें कथारम्भ के पहले ईश्वरस्तुति, पैगम्बर की वन्दना और उस समय के राजा (शाहे वक्त) की प्रशंसा होनी चाहिए। ये बातें पद्मावत, इन्द्रावत, मृगावती इत्यादि सबमें पायी जाती हैं।

दूसरी बात ध्यान देने की यह है कि ये सब प्रेम-कहानियाँ पूरबी हिन्दी अर्थात् अवधी भाषा के एक नियम क्रम के साथ केवल चौपाई, दोहे में लिखी गयी हैं। जायसी ने सात-सात चौपाइयों (अर्द्धालियों) के बाद एक-एक दोहे का क्रम रखा है। जायसी के पीछे गोस्वामी तुलसीदास जी ने अपने 'रामचरितमानस' के लिए यही दोहे चौपाई का क्रम ग्रहण किया। चौपाई और बरवै मानो अवधी भाषा के अपने छन्द हैं। इनमें अवधी भाषा जिस सौष्ठव के साथ ढली है उस सौष्ठव के साथ व्रजभाषा नहीं। उदाहरण के लिए लाल कवि के 'छत्रप्रकाश', पद्माकर के 'रामरसायन' और व्रजवासीदास के 'व्रजविलास' को लीजिये। 'बरवै' तो व्रजभाषा में कहा ही नहीं जा सकता। किसी पुराने कवि ने व्रजभाषा में बरवै लिखने का प्रयास भी नहीं किया।

तीसरी बात ध्यान देने की यह है कि इस शैली की प्रेम-कहानियाँ मुसलमानों के ही द्वारा लिखी गयीं। इन भावुक और उदार मुसलमानों ने इनके द्वारा मानो हिन्दू जीवन के साथ अपनी सहानुभूति प्रकट की। यदि मुसलमान हिन्दी और हिन्दू साहित्य से दूर न भागते, इनके अध्ययन का क्रम जारी रखते, तो उनमें हिन्दुओं के प्रति सद्भाव की वह कमी न रह जाती, जो कभी-कभी दिखायी पड़ती है। हिन्दुओं ने फारसी और उर्दू के अभ्यास द्वारा मुसलमानों की जीवन-कथाओं के प्रति अपने हृदय का सामंजस्य पूर्ण रूप से स्थापित किया, पर खेद है कि मुसलमानों ने इसका सिलसिला बन्द कर दिया। किसी जाति की जीवन-कथाओं को बार-बार सामने लाना उस जाति के प्रेम और सहानुभूति को प्राप्त करने का स्वाभाविक साधन है। 'पद्मावत' की हस्तलिखित प्रतियाँ अधिकतर मुसलमानों के ही घर में पायी गयी हैं। इतना मैं अपने अनुभव से कहता हूँ कि जिन मुसलमानों के यहाँ पर यह पोथी देखी गयी है, उन सबको मैंने विरोध से दूर और अत्यन्त उदार पाया।

पद्मावत की कथा—जायसी की लिखी जो तीन पुस्तकें पायी जाती हैं, उनमें सबसे महत्त्वपूर्ण 'पद्मावत' है। उसकी कथा इस प्रकार है—

कवि सिंहलद्वीप, उसके राजा गन्धर्वसेन, राजसभा, नगर, बगीचे इत्यादि का वर्णन करके पद्मावती के जन्म का उल्लेख करता है। राजभवन में हीरामन नाम का एक अद्भुत सूआ था, जिसे पद्मावती बहुत चाहती थी और जो सदा उसी के पास रहकर अनेक प्रकार की बातें कहा करती थी। पद्मावती क्रमशः सयानी हुई और उसके रूप की ज्योति भूमण्डल में सबसे ऊपर हुई। जब उसका कहीं विवाह नहीं हुआ तब वह रात-दिन हीरामन से इस बात की चर्चा किया करती थी। सुआ ने एक दिन कहा कि यदि कहो तो देश-देशान्तर में फिरकर मैं तुम्हारे योग्य वर ढूँढूँ। राजा को जब इस बातचीत का पता लगा तब उसने क्रुद्ध होकर सुआ को मार डालने की आज्ञा दी। पद्मावती ने विनती करके किसी प्रकार सुआ के प्राण बचाये। सूआ ने पद्मावती से विदा माँगी, पर पद्मावती ने प्रेम के मारे सुआ को रोक लिया। सुआ उस समय तो रुक गया, पर उसके मन में खटका बना रहा।

एक दिन पद्मावती सखियों को लिये हुए मानसरोवर में स्नान और जलक्रीड़ा करने गयी। सुआ ने सोचा कि अब यहाँ से चटपट चल देना चाहिए। वह वन की ओर उड़ा, जहाँ पक्षियों ने उसका बड़ा सत्कार किया। दस दिन पीछे एक बहेलिया हरी पत्तियों की टट्टी लिये उस वन में चला आ रहा था। और पक्षी तो उस चलते पेड़ को देखकर उड़ गये पर हीरामन चारे के लोभ में वहीं रहा। अन्त में बहेलिये ने उसे पकड़ लिया और बाजार में उसे बेचने के लिए ले गया। चित्तौड़ के एक व्यापारी के साथ एक दीन ब्राह्मण भी कहीं से रुपये लेकर लाभ की आशा में सिंहल की हाट में आया था। उसने सुआ को पण्डित देख मोल ले लिया और लेकर चित्तौड़ आया। चित्तौड़ में उस समय राजा चित्रसेन मर चुका था और उसका बेटा रत्नसेन गद्दी पर बैठा था। प्रशंसा सुनकर रत्नसेन ने लाख रुपये देकर हीरामन सुआ को मोल ले लिया।

एक दिन रत्नसेन कहीं शिकार को गया था। उसकी रानी नागमती सुआ के पास आयी और बोली, "मेरे समान सुन्दरी और भी कोई संसार में है?" इस पर सुआ हँसा और उसने सिंहल की पद्मिनी स्त्रियों का वर्णन करके कहा कि उनमें और तुममें दिन और अँधेरी रात का अन्तर है। रानी ने सोचा कि यदि यह तोता रहेगा तो किसी दिन राजा से भी ऐसा ही कहेगा और वह मुझसे प्रेम करना छोड़कर पद्मावती के लिए जोगी होकर निकल पड़ेगा। उसने अपनी धाय से उसे ले जाकर मार डालने को कहा। धाय ने परिणाम सोचकर उसे मारा नहीं, छिपा रखा। जब राजा ने लौटकर सुआ को न देखा तब उसने बड़ा कोप किया। अन्त में हीरामन उसके सामने लाया गया और उसने सब वृत्तान्त कह सुनाया। राजा को पद्मावती का रूप-वर्णन सुनने की बड़ी उत्कण्ठा हुई और हीरामन ने उसके रूप का लम्बा-चौड़ा वर्णन किया। उस वर्णन को सुनकर राजा बेसुध हो गया। उसके हृदय में ऐसी प्रबल अभिलाषा जगी कि वह रास्ता बताने के लिए हीरामन को साथ ले जोगी होकर घर से निकल पड़ा।

उसके साथ सोलह हजार कुँवर भी जोगी होकर चले। मध्यप्रदेश के नाना दुर्गम स्थानों के बीच होते हुए सब लोग कलिंग देश में पहुँचे। वहाँ के राजा गजपति से जहाज लेकर रत्नसेन ने और सब जोगियों के सहित सिंहलद्वीप की ओर प्रस्थान किया। क्षार समुद्र, क्षीर समुद्र, दधि समुद्र, उदधि समुद्र, सुरा समुद्र और किलकिला समुद्र को पार करके वे सातवें मानसरोवर समुद्र में पहुँचे जो सिंहलद्वीप के चारों ओर है। सिंहलद्वीप में उतरकर जोगी रत्नसेन तो अपने जोगियों के साथ महादेव के मन्दिर में बैठकर तप और पद्मावती का ध्यान करने लगा और हीरामन पद्मावती से भेंट करने गया। जाते समय वह रत्नसेन से कहता गया कि वसन्त पंचमी के दिन पद्मावती इसी महादेव के मण्डप में वसन्तपूजा करने आयेगी; उस समय तुम्हें उसका दर्शन होगा और तुम्हारी आशा पूर्ण होगी।

बहुत दिन पर हीरामन को देख पद्मावती बहुत रोयी। हीरामन ने अपने निकल भागने और बेचे जाने का वृत्तान्त कह सुनाया। इसके उपरान्त उसने रत्नसेन के रूप,

कुल, ऐश्वर्य, तेज आदि की बड़ी प्रशंसा करके कहा कि वह सब प्रकार से तुम्हारे योग्य वर है और तुम्हारे प्रेम में जोगी होकर यहाँ तक आ पहुँचा है। पद्मावती ने उसकी प्रेमव्यथा को सुनकर जयमाल देने की प्रतिज्ञा की और कहा कि वसन्त पंचमी के दिन पूजा के बहाने मैं उसे देखने जाऊँगी। सुआ यह समाचार लेकर राजा के पास मण्डप में लौट आया।

वसन्त पंचमी के दिन पद्मावती सखियों के सहित मण्डप में गयी और उधर भी पहुँची जिधर रत्नसेन और उसके साथी जोगी थे। पर ज्यों ही रत्नसेन की आँखें उस पर पड़ीं वह मूर्च्छित होकर गिर पड़ा। पद्मावती ने रत्नसेन को सब प्रकार से वैसा ही पाया जैसा सुआ ने कहा था। वह मूर्च्छित जोगी के पास पहुँची और उसे होश में लाने के लिए उस पर चन्दन छिड़का। जब वह न जागा तब चन्दन से उसके हृदय पर यह बात लिखकर वह चली गयी कि, "जोगी, तूने भिक्षा प्राप्त करने के योग्य योग नहीं सीखा, जब फलप्राप्ति का समय आया तब तू सो गया।"

राजा को जब होश आया, तब वह बहुत पछताने लगा और जल मरने को तैयार हुआ। सब देवताओं को भय हुआ कि यदि यह जला तो इसकी घोर विरहाग्नि से सारे लोक भस्म हो जायेंगे। उन्होंने जाकर महादेव-पार्वती के यहाँ पुकार की। महादेव कोढ़ी के वेश में बैल पर चढ़े राजा के पास आये और जलने का कारण पूछने लगे। इधर पार्वती की, जो महादेव के साथ ही आयी थीं, यह इच्छा हुई कि राजा के प्रेम की परीक्षा लें। वे अत्यन्त सुन्दरी अप्सरा का रूप धरकर आयीं और बोलीं, "मुझे इन्द्र ने भेजा है। पद्मावती को जाने दे, तुझे अप्सरा प्राप्त हुई।" रत्नसेन ने कहा, "मुझे पद्मावती को छोड़ और किसी से कुछ प्रयोजन नहीं।" पार्वती ने महादेव से कहा कि रत्नसेन का प्रेम सच्चा है। रत्नसेन ने देखा कि इस कोढ़ी की छाया नहीं पड़ती है, इसके शरीर पर मक्खियाँ नहीं बैठती हैं और इसकी पलकें नहीं गिरती हैं अतः यह निश्चय ही कोई सिद्ध पुरुष है। फिर महादेव को पहचानकर वह उनके पैरों पर गिर पड़ा। महादेव ने उसे सिद्धिगुटिका दी और सिंहलगढ़ में घुसने का मार्ग बताया। सिद्धिगुटिका पाकर रत्नसेन सब जोगियों को लिये सिंहलगढ़ पर चढ़ने लगा।

राजा गन्धर्वसेन के यहाँ जब यह खबर पहुँची तब उसने दूत भेजे। दूतों से जोगी रत्नसेन ने पद्मिनी के पाने का अभिप्राय कहा। दूत क्रुद्ध होकर लौट गये। इस बीच में हीरामन रत्नसेन का प्रेमसन्देश लेकर पद्मावती के पास गया और पद्मावती का प्रेम-भरा सन्देश आकर उसने रत्नसेन से कहा। इस सन्देश से रत्नसेन के शरीर में और भी बल आ गया। गढ़ के भीतर जो अगाध कुण्ड था उसमें वह रात को धँसा और भीतरी द्वार को, जिसमें वज्र के किवाड़ लगे थे, उसने जा खोला। पर इस बीच में सबेरा हो गया और वह अपने साथी जोगियों के सहित घेर लिया गया। राजा गन्धर्वसेन के यहाँ विचार हुआ कि जोगियों को पकड़कर सूली दे दी जाये। दल-बल के सहित सब सरदारों ने जोगियों पर चढ़ाई की। रत्नसेन के साथी

युद्ध के लिए उत्सुक हुए, पर रत्नसेन ने उन्हें यह उपदेश देकर शान्त किया कि प्रेममार्ग में क्रोध करना उचित नहीं है। अन्त में सब जोगियों सहित रत्नसेन पकड़ा गया। इधर यह सब समाचार सुन पद्मावती की बुरी दशा हो रही थी। हीरामन सुआ ने जाकर उसे धीरज बँधाया कि रत्नसेन पूर्ण सिद्ध हो गया है, वह मर नहीं सकता।

जब रत्नसेन को बाँधकर सूली देने के लिए लाये तब जिस-जिसने उसे देखा सबने कहा कि यह कोई राजपुत्र जान पड़ता है। इधर सूली की तैयारी हो रही थी, उधर रत्नसेन पद्मावती का नाम रट रहा था। महादेव ने जब जोगी पर ऐसा संकट देखा, तब वे और पार्वती भाँट-भाँटिन का रूप धरकर वहाँ पहुँचे। इस बीच हीरामन सुआ भी रत्नसेन के पास पद्मावती का यह सन्देश लेकर आया कि 'मैं भी हथेली पर प्राण लिये बैठी हूँ, मेरा जीना-मरना तुम्हारे साथ है।' भाँट (जो वास्तव में महादेव थे) ने राजा गन्धर्वसेन को बहुत समझाया कि यह जोगी नहीं राजा है और तुम्हारी कन्या के योग्य वर है, पर राजा इस पर और भी क्रुद्ध हुआ। इसी बीच जोगियों का दल चारों ओर से लड़ाई के लिए चढ़ा। महादेव के साथ हनुमान आदि सब देवता जोगियों की सहायता के लिए आ खड़े हुए। गन्धर्वसेन की सेना के हाथियों का समूह जब आगे बढ़ा तब हनुमान जी ने अपनी लम्बी पूँछ में सबको लपेटकर आकाश में फेंक दिया। राजा गन्धर्वसेन को फिर महादेव का घण्टा और विष्णु का शंख ज़ोगियों की ओर सुनायी पड़ा और साक्षात् शिव युद्ध-स्थल में दिखायी पड़े। यह देखते ही गन्धर्वसेन महादेव के चरणों में जा गिरा और बोला, "कन्या आपकी है, जिसे चाहिए उसे दीजिये।" इसके उपरान्त हीरामन सुआ ने जाकर राजा रत्नसेन के चित्तौड़ से आने का सब वृत्तान्त कह सुनाया और गन्धर्वसेन ने बड़ी धूमधाम से रत्नसेन के साथ पद्मावती का विवाह कर दिया। रत्नसेन के साथी जो सोलह हजार कुँवर थे, उन सबका विवाह भी पद्मिनी स्त्रियों के साथ हो गया और सब लोग बड़े आनन्द के साथ कुछ दिनों तक सिंहल में रहे।

इधर चित्तौड़ में वियोगिनी नागमती को राजा की बाट जोहते एक वर्ष हो गया। उसके विलाप से पशु-पक्षी विकल हो गये। अन्त में आधी रात को एक पक्षी ने नागमती से दुःख का कारण पूछा। नागमती ने उससे रत्नसेन के पास पहुँचाने के लिए अपना सन्देश कहा। वह पक्षी नागमती का सन्देश लेकर सिंहलद्वीप गया और समुद्र के किनारे एक पेड़ पर बैठा। संयोग से रत्नसेन शिकार खेलते-खेलते उसी पेड़ के नीचे जा खड़ा हुआ। पक्षी ने पेड़ पर से नागमती की दुःखकथा और चित्तौड़ की हीन दशा का वर्णन किया। रत्नसेन का जी सिंहल से उचटा और उसने स्वदेश की ओर प्रस्थान किया। चलते समय उसे सिंहल के राजा के यहाँ से विदाई में बहुत सामान और धन मिला। इतनी अधिक सम्पत्ति देख राजा के मन में गर्व और लोभ हुआ। वह सोचने लगा कि इतना अधिक धन लेकर यदि मैं स्वदेश पहुँचा तो फिर मेरे समान संसार में और कौन है। इस प्रकार लोभ ने राजा को आ घेरा।

समुद्र-तट पर जब रत्नसेन आया तब समुद्र याचक का रूप धरकर राजा से दान माँगने आया, पर राजा ने लोभवश उसका तिरस्कार कर दिया। राजा आधे समुद्र में

भी नहीं पहुँचा था कि बड़े जोर का तूफान आया, जिससे जहाज दक्खिन लंका की ओर बह गये। वहाँ विभीषण का एक राक्षस माँझी मछली मार रहा था। वह अच्छा आहार देख राजा से आकर बोला कि चलो हम तुम्हें रास्ते पर लगा दें। राजा उसकी बातों में आ गया। वह राक्षस सब जहाजों को एक भयंकर समुद्र में ले गया जहाँ से निकलना कठिन था। जहाज चक्कर खाने लगे और हाथी, घोड़े, मनुष्य आदि डूबने लगे। वह राक्षस आनन्द से नाचने लगा। इस बीच समुद्र का एक राजपक्षी वहाँ आ पहुँचा जिसके डैनों का ऐसा घोर शब्द हुआ मानो पहाड़ के शिखर टूट रहे हों। वह पक्षी उस दुष्ट राक्षस को चंगुल में दबाकर उड़ गया। इस प्रकार उस राक्षस से निस्तार हुआ, पर सब जहाज खण्ड-खण्ड हो गये। जहाज के एक तख्ते पर एक ओर राजा बहा और दूसरे तख्ते पर दूसरी ओर रानी।

पद्मावती बहते-बहते वहाँ जा लगी जहाँ समुद्र की कन्या लक्ष्मी अपनी सहेलियों के साथ खेल रही थी। लक्ष्मी मूर्च्छित पद्मावती को अपने घर ले गयी। पद्मावती को जब चेत हुआ तब वह रत्नसेन के लिए विलाप करने लगी। लक्ष्मी ने उसे धीरज बँधाया और अपने पिता समुद्र से राजा की खोज कराने का वचन दिया। इधर राजा बहते-बहते एक ऐसे निर्जन स्थान में पहुँचा, जहाँ मूँगों के टीलों के सिवा और कुछ न था। राजा पद्मिनी के लिए बहुत विलाप करने लगा और कटार लेकर अपने गले में मारना ही चाहता था कि ब्राह्मण का रूप धरकर समुद्र उसके सामने आ खड़ा हुआ और उसे मरने से रोका। अन्त में समुद्र ने राजा से कहा कि तुम मेरी लाठी पकड़कर आँख मूँद लो; मैं तुम्हें उसी तट पर पहुँचा दूँगा जहाँ पद्मावती है।

जब राजा उस तट पर पहुँच गया तब लक्ष्मी उसकी परीक्षा लेने के लिए पद्मावती का रूप धारण कर रास्ते में जा बैठी। रत्नसेन उन्हें पद्मावती समझ उनकी ओर लपका। पास जाने पर वे कहने लगीं, "मैं पद्मावती हूँ।" पर रत्नसेन ने जब देखा कि वह पद्मावती नहीं है, तब चट मुँह फेर लिया। अन्त में लक्ष्मी रत्नसेन को पद्मावती के पास ले गयी। रत्नसेन और पद्मावती कई दिनों तक समुद्र और लक्ष्मी के मेहमान रहे। पद्मावती की प्रार्थना पर लक्ष्मी ने उन सब साथियों को भी लाकर खड़ा किया जो इधर-उधर बह गये थे। जो मर गये थे वे भी अमृत से जिला दिये गये। इस प्रकार बड़े आनन्द से दोनों वहाँ से विदा हुए। विदा होते समय समुद्र ने बहुत-से अमूल्य रत्न दिये। सबसे बढ़कर पाँच पदार्थ दिये—अमृत, हंस, राजपक्षी, शार्दूल और पारस पत्थर। इन सब अनमोल पदार्थों को लिये अन्त में रत्नसेन और पद्मावती चित्तौड़ पहुँच गये। नागमती और पद्मावती दोनों रानियों के साथ रत्नसेन सुखपूर्वक रहने लगे। नागमती से नागसेन और पद्मावती से कमलसेन, ये दो पुत्र राजा को हुए।

चित्तौड़ की राजसभा में राघवचेतन नाम का एक पण्डित था जिसे यक्षिणी सिद्ध थी। एक दिन राजा ने पण्डितों से पूछा, "दूज कब है?" राघव के मुँह से निकला 'आज'। और सब पण्डितों ने एक स्वर से कहा कि, "आज नहीं हो सकती, कल

होगी।'' राघव ने कहा कि, ''यदि आज दूज न हो तो मैं पण्डित नहीं।'' पण्डितों ने कहा कि, ''राघव वाममार्गी है; यक्षिणी की पूजा करता है, जो चाहे सो कर दिखावे, पर आज दूज नहीं हो सकती।'' राघव ने यक्षिणी के प्रभाव से उसी दिन सन्ध्या के समय द्वितीया का चन्द्रमा दिखा दिया।[1] पर जब दूसरे दिन चन्द्रमा देखा गया, तब वह द्वितीया का ही चन्द्रमा था। इस पर पण्डितों ने राजा रत्नसेन से कहा, ''देखिये, यदि कल द्वितीया रही होती तो आज चन्द्रमा की कला कुछ अधिक होती। झूठ और सच की परख कर लीजिये।'' राघव का भेद खुल गया और वह वेदविरुद्ध आचार करनेवाला प्रमाणित हुआ। राजा रत्नसेन ने उसे देशनिकाले का दण्ड दिया।

पद्मावती ने जब यह सुना तब उसने ऐसे गुणी पण्डित का असन्तुष्ट होकर जाना राज्य के लिए अच्छा नहीं समझा। उसने भारी दान देकर राघव को प्रसन्न करना चाहा। सूर्यग्रहण का दान देने के लिए उसने उसे बुलाया। जब राघव महल के नीचे आया, तब पद्मावती ने अपने हाथ का एक अमूल्य कंगन जिसका जोड़ा और कहीं दुष्प्राप्य था, झरोखे पर से फेंका। झरोखे पर पद्मावती की झलक देख राघव बेसुध होकर गिर पड़ा। जब उसे चेत हुआ तब उसने सोचा कि अब वह कंगन लेकर बादशाह के पास दिल्ली चलूँ और पद्मिनी के रूप का उसके सामने वर्णन करूँ। वह लम्पट है, तुरन्त चित्तौड़ पर चढ़ाई करेगा और इसके जोड़े का दूसरा कंगन भी मुझे इनाम देगा। यदि ऐसा हुआ तो राजा से मैं बदला भी ले लूँगा और सुख से जीवन भी बिताऊँगा।

यह सोचकर राघव दिल्ली पहुँचा और वहाँ बादशाह अलाउद्दीन को कंगन दिखाकर उसने पद्मिनी के रूप का वर्णन किया। अलाउद्दीन ने बड़े आदर से उसे अपने यहाँ रखा और सरजा नामक एक दूत के हाथ एक पत्र रत्नसेन के पास भेजा कि पद्मिनी को तुरन्त भेज दो, बदले में और जितना राज्य चाहो ले लो। पत्र पाते ही राजा रत्नसेन क्रोध से लाल हो गया और बहुत बिगड़कर दूत को वापस कर दिया। अलाउद्दीन ने चित्तौड़गढ़ पर चढ़ाई कर दी। आठ वर्ष तक मुसलमान चित्तौड़ को घेरे रहे और घोर युद्ध होता रहा, पर गढ़ न टूट सका। इसी बीच दिल्ली से एक पत्र अलाउद्दीन को मिला, जिसमें हरेव लोगों के फिर से चढ़ आने का समाचार लिखा था। बादशाह ने जब यह देखा कि गढ़ नहीं टूटता है तब उसने कपट की एक चाल सोची। उसने रत्नसेन के पास सन्धि का एक प्रस्ताव भेजा और यह कहलाया कि मुझे पद्मिनी नहीं चाहिए; समुद्र से जो पाँच अमूल्य वस्तुएँ तुम्हें मिली हैं उन्हें देकर मेल कर लो।

राजा ने स्वीकार कर लिया और बादशाह को चित्तौड़गढ़ के भीतर ले जाकर बड़ी धूमधाम से उसकी दावत की। गोरा और बादल नामक दो विश्वासपात्र सरदारों ने राजा को बहुत समझाया कि मुसलमानों का विश्वास करना ठीक नहीं। पर राजा ने

1. लोना चमारिन के सम्बन्ध में भी प्रसिद्ध है कि उसकी बात इसी प्रकार सत्य करने के लिए देवी ने प्रतिपदा के दिन आकाश में जाकर अपने हाथ का कंगन दिखाया था, जिसे देखनेवालों को द्वितीया के चन्द्रमा का भ्रम हुआ था।

ध्यान न दिया। ये दोनों वीर नीतिज्ञ सरदार रूठकर अपने घर चले गये। कई दिनों तक बादशाह की मेहमानदारी होती रही। एक दिन वह टहलते-टहलते पद्मिनी के महल की ओर भी जा निकला, जहाँ एक-से-एक रूपवती स्त्रियाँ स्वागत के लिए खड़ी थीं। बादशाह ने राघव से, जो बराबर उसके साथ-साथ था, पूछा कि, "इनमें पद्मिनी कौन है?" राघव ने कहा, "पद्मिनी इनमें कहाँ? ये तो उसकी दासियाँ हैं।" बादशाह पद्मिनी के महल के सामने ही एक स्थान पर बैठकर राजा के साथ शतरंज खेलने लगा। जहाँ वह बैठा था वहाँ उसने एक दर्पण भी रख दिया था कि पद्मिनी यदि झरोखे पर आयेगी तो उसका प्रतिबिम्ब दर्पण में देखूँगा। पद्मिनी कुतूहलवश झरोखे के पास आयी और बादशाह ने उसका प्रतिबिम्ब दर्पण में देखा। देखते ही वह बेहोश होकर गिर पड़ा।

अन्त में बादशाह ने राजा से विदा माँगी। राजा उसे पहुँचाने के लिए साथ-साथ चला। एक-एक फाटक पर बादशाह राजा को कुछ-न-कुछ देता चला। अन्तिम फाटक पार होते ही राघव के इशारे से बादशाह ने रत्नसेन को पकड़ लिया और बाँधकर दिल्ली ले गया। वहाँ राजा को एक तंग कोठरी में बन्द कर वह अनेक प्रकार के भयंकर कष्ट देने लगा। इधर चित्तौड़ में हाहाकार मच गया। दोनों रानियाँ रो-रोकर प्राण देने लगीं। इस अवसर पर राजा रत्नसेन के शत्रु कुम्भलनेर के राजा देवपाल को दुष्टता सूझी। उसने कुमुदनी नाम की एक दूती को पद्मावती के पास भेजा। पहले तो पद्मिनी उसे अपने मायके की स्त्री सुनकर बड़े प्रेम से मिली और उससे अपना दुःख कहने लगी, पर जब धीरे-धीरे उसका भेद खुला तब उसने उचित दण्ड देकर उसे निकलवा दिया। इसके पीछे अलाउद्दीन ने भी जोगिन के वेश में एक दूती इस आशा से भेजी कि वह रत्नसेन से भेंट कराने के बहाने पद्मिनी को जोगिन बनाकर अपने साथ दिल्ली लायेगी, पर उसकी भी दाल न गली।

अन्त में पद्मिनी गोरा और बादल के घर गयी और उन दोनों क्षत्रिय वीरों के सामने अपना दुःख रोकर उसने उनसे राजा को छुड़ाने की प्रार्थना की। दोनों ने राजा को छुड़ाने की दृढ़ प्रतिज्ञा की और रानी को बहुत धीरज बँधाया। दोनों ने सोचा कि जिस प्रकार मुसलमानों ने धोखा दिया है उसी प्रकार उनके साथ भी चाल चलनी चाहिए। उन्होंने सोलह सौ ढँकी पालकियों के भीतर सशस्त्र राजपूत सरदारों को बिठाया और जो सबसे उत्तम और बहुमूल्य पालकी थी उसके भीतर औजार के साथ एक लोहार को बिठाया। इस प्रकार वे यह प्रसिद्ध करके चले कि सोलह सौ दासियों के सहित पद्मिनी दिल्ली जा रही है।

गोरा के पुत्र बादल की अवस्था बहुत थोड़ी थी। जिस दिन दिल्ली जाना था उसी दिन उसका गौना आया था। उसकी नवागता वधू ने उसे युद्ध में जाने से बहुत रोका पर उस वीर कुमार ने एक न सुनी। अन्त में सोलह सौ सवारियों के सहित वे दिल्ली के किले में पहुँचे। वहाँ कर्मचारियों को घूस देकर उन्हें अपने अनुकूल किया, जिससे किसी ने पालकियों की तलाशी न ली। बादशाह के यहाँ खबर गयी

कि पद्मिनी आयी है और कहती हैं कि मैं राजा से मिल लूँ और चित्तौड़ के खजाने की कुंजी उनको सुपुर्द कर दूँ तब महल में जाऊँ। बादशाह ने आज्ञा दे दी। वह सजी हुई पालकी वहाँ पहुँचायी गयी जहाँ रत्नसेन कैद था। पालकी में से निकलकर लोहार ने चट राजा की बेड़ी काट दी और वह शस्त्र लेकर एक घोड़े पर सवार हो गया जो पहले से तैयार था। देखते-ही-देखते हथियारबन्द सरदार भी पालकियों में से निकल पड़े। इस प्रकार गोरा और बादल राजा को छुड़ाकर चित्तौड़ चले।

बादशाह ने जब सुना तो अपनी सेना सहित पीछा किया। गोरा-बादल ने जब शाही फौज पीछे देखी तब एक हजार सैनिकों को लेकर गोरा तो शाही फौज को रोकने के लिए डट गया और बादल राजा रत्नसेन को लेकर चित्तौड़ की ओर बढ़ा। वृद्ध वीर गोरा बड़ी वीरता से लड़कर और हजारों को मारकर अन्त में सरजा के हाथ से मारा गया। इस बीच में राजा रत्नसेन चित्तौड़ पहुँच गया। चितौड़ पहुँचते ही उसी दिन रात को पद्मिनी के मुँह से रत्नसेन ने जब देवपाल की दुष्टता का हाल सुना तब उसने उसे बाँध लाने की प्रतिज्ञा की। सबेरा होते ही रत्नसेन ने कुम्भलनेर पर चढ़ाई कर दी। रत्नसेन और देवपाल के बीच द्वन्द्व युद्ध हुआ। देवपाल की साँग रत्नसेन की नाभि में घुसकर उस पार निकल गयी। देवपाल साँग मारकर लौटना ही चाहता था कि रत्नसेन ने उसे जा पकड़ा और उसका सिर काटकर उसके हाथ-पैर बाँधे। इस प्रकार अपनी प्रतिज्ञा पूरी कर और चित्तौड़गढ़ की रक्षा का भार बादल को सौंप रत्नसेन ने शरीर छोड़ा।

राजा के शव को लेकर पद्मावती और नागमती दोनों रानियाँ सती हो गयीं। इतने में शाही सेना चित्तौड़गढ़ आ पहुँची। बादशाह ने पद्मिनी के सती होने का समाचार सुना। बादल ने प्राण रहते गढ़ की रक्षा की पर अन्त में वह फाटक की लड़ाई में मारा गया और चित्तौड़गढ़ पर मुसलमानों का अधिकार हो गया।

ऐतिहासिक आधार—पद्मावत की सम्पूर्ण आख्यायिका को हम दो भागों में विभक्त कर सकते हैं। रत्नसेन की सिंहलद्वीप यात्रा से लेकर चित्तौड़ लौटने तक हम कथा का पूर्वार्द्ध मान सकते हैं और राघव के निकाले जाने से लेकर पद्मिनी के सती होने तक उत्तरार्द्ध। ध्यान देने की बात है कि पूर्वार्द्ध तो बिलकुल कल्पित कहानी है और उत्तरार्द्ध ऐतिहासिक आधार पर है। ऐतिहासिक अंश के स्पष्टीकरण के लिए 'टॉड राजस्थान' में दिया हुआ चित्तौड़गढ़ पर अलाउद्‌दीन की चढ़ाई का वृत्तान्त हम नीचे देते हैं—

'विक्रम संवत् 1331 में लखनसी चित्तौड़ के सिंहासन पर बैठा। वह छोटा था इससे उसका चाचा भीमसी (भीमसिंह) ही राज्य करता था। भीमसी का विवाह सिंहल के चौहान राजा हम्मीर शक की कन्या पद्मिनी से हुआ था जो रूप-गुणों में जगत् में अद्वितीय थी। उसके रूप की ख्याति सुनकर दिल्ली के बादशाह अलाउद्‌दीन ने चित्तौड़गढ़ पर चढ़ाई की। घोर युद्ध के उपरान्त अलाउद्‌दीन ने सन्धि का प्रस्ताव

भेजा कि मुझे एक बार पद्मिनी का दर्शन ही हो जाये तो मैं दिल्ली लौट जाऊँ। इस पर यह ठहरी कि अलाउद्दीन दर्पण में पद्मिनी की छायामात्र देख सकता है। इस प्रकार युद्ध बन्द हुआ और अलाउद्दीन बहुत थोड़े-से सिपाहियों के साथ चित्तौड़गढ़ के भीतर लाया गया। वहाँ से जब वह दर्पण में छाया देखकर लौटने लगा तब राजा उस पर पूरा विश्वास करके गढ़ के बाहर तक उसको पहुँचाने आया। बाहर अलाउद्दीन के सैनिक पहले से घात में लगे हुए थे। ज्यों ही राजा बाहर आया, वह पकड़ लिया गया और मुसलमानों के शिविर में, जो चित्तौड़ से थोड़ी दूर पर था, कैद कर लिया गया। राजा को कैद करके यह घोषणा की गयी कि जब तक पद्मिनी न भेज दी जायेगी, राजा नहीं छूट सकता।

चित्तौड़ में हाहाकार मच गया। पद्मिनी ने जब यह सुना तब उसने अपने मायके के गोरा और बादल नाम के दो सरदारों से मन्त्रणा की। गोरा पद्मिनी का चाचा लगता था और बादल गोरा का भतीजा था। उन दोनों ने राजा के उद्धार की एक युक्ति सोची। अलाउद्दीन के पास कहलाया गया कि पद्मिनी जायेगी पर रानी की मर्यादा के साथ। अलाउद्दीन अपनी सब सेना वहाँ से हटा दे और परदे का पूरा इन्तजाम कर दे। पद्मिनी के साथ बहुत-सी दासियाँ रहेंगी और दासियों के सिवा बहुत-सी सखियाँ भी होंगी, जो केवल उसे पहुँचाने और विदा करने जायेंगी। अन्त में सात सौ पालकियाँ अलाउद्दीन के खेमे की ओर चलीं। हर एक पालकी में एक-एक सशस्त्र वीर राजपूत बैठा था। एक-एक पालकी उठानेवाले छह-छह कहार थे। ये भी कहार बने हुए सशस्त्र सैनिक थे। जब वे शाही खेमे के पास पहुँचे तब चारों ओर कनातें घेर दी गयीं। पालकियाँ उतारी गयीं।

पद्मिनी को अपने पति से अन्तिम भेंट करने के लिए आधे घण्टे का समय दिया गया। राजपूत चटपट राजा को पालकी में बिठाकर चित्तौड़गढ़ की ओर चल पड़े। शेष पालकियाँ मानो पद्मिनी के साथ दिल्ली जाने के लिए रह गयीं। अलाउद्दीन की भीतरी इच्छा भीमसी को चित्तौड़गढ़ जाने देने की न थी। देर देखकर वह घबराया। इतने में पालकियों से वीर राजपूत निकल पड़े। अलाउद्दीन पहले से सतर्क था। उसने पीछा करने का हुक्म दिया। पालकियों से निकले हुए राजपूत बड़ी वीरता से पीछा करनेवालों को कुछ देर तक रोके रहे पर अन्त में एक-एक करके वे सब मारे गये।

इधर भीमसी के लिए बहुत तेज घोड़ा तैयार था। वह उस पर सवार होकर गोरा-बादल आदि कुछ चुने हुए साथियों के साथ चित्तौड़गढ़ के भीतर पहुँच गया। पीछा करनेवाली मुसलमान सेना फाटक तक साथ लगी आयी। फाटक पर घोर युद्ध हुआ। गोरा-बादल के नेतृत्व में राजपूत वीर खूब लड़े। अलाउद्दीन अपना-सा मुँह लेकर दिल्ली लौट गया; पर इस युद्ध में चित्तौड़ के चुने-चुने वीर काम आये। गोरा भी इसी युद्ध में मारा गया। बादल, जो चारणों के अनुसार केवल बारह वर्ष का था, बड़ी वीरता से लड़कर जीता बच आया। उसके मुँह से अपने पति की वीरता का वृत्तान्त सुनकर गोरा की स्त्री सती हो गयी।

अलाउद्दीन ने संवत् 1346 वि. (सन् 1290 ई. पर फरिश्ता के अनुसार सन् 1303 ई. जो कि ठीक माना जाता है) में फिर चित्तौड़गढ़ पर चढ़ाई की। इसी दूसरी चढ़ाई में राणा अपने ग्यारह पुत्रों सहित मारे गये। जब राणा के ग्यारह पुत्र मारे जा चुके और स्वयं राणा के युद्ध-क्षेत्र में जाने की बारी आयी तब पद्मिनी ने जौहर किया। कई सहस्र राजपूत ललनाओं के साथ पद्मिनी ने चित्तौड़गढ़ के उस गुप्त भूधरे में प्रवेश किया जहाँ उन सती स्त्रियों को अपनी गोद में लेने के लिए आग दहक रही थी। इधर यह काण्ड समाप्त हुआ उधर वीर भीमसी ने रण-क्षेत्र में शरीरत्याग किया।

टॉड ने जो वृत्त दिया है वह राजपूताने में रक्षित चारणों के इतिहासों के आधार पर है। दो-चार ब्योरों को छोड़कर ठीक यही वृत्तान्त 'आईने-अकबरी' में भी दिया हुआ है। 'आईने-अकबरी' में भीमसी के स्थान पर रतनसी (रत्नसिंह या रत्नसेन) नाम है। रतनसी के मारे जाने का ब्योरा भी दूसरे ढंग पर है। 'आईने-अकबरी' में लिखा है कि अलाउद्दीन दूसरी चढ़ाई में भी हारकर लौटा। वह लौटकर चित्तौड़ से सात कोस तक पहुँचा था कि रुक गया और मैत्री का नया प्रस्ताव भेजकर रतनसी को मिलने के लिए बुलाया। अलाउद्दीन की बार-बार की चढ़ाइयों से रतनसी ऊब गया था इससे उसने मिलना स्वीकार किया। एक विश्वासघाती को साथ लेकर वह अलाउद्दीन से मिलने गया और धोखे से मार डाला गया। उसका सम्बन्धी अरसी चटपट चित्तौड़ के सिंहासन पर बिठाया गया। अलाउद्दीन चित्तौड़ की ओर फिर लौटा और उस पर अधिकार किया। अरसी मारा गया और पद्मिनी सब स्त्रियों के सहित सती हो गयी।

इन दोनों ऐतिहासिक वृत्तों के साथ जायसी द्वारा वर्णित कथा का मिलान करने से कई बातों का पता चलता है। पहली बात तो यह है कि जायसी ने जो 'रत्नसेन' नाम दिया है वह उनका कल्पित नहीं है, क्योंकि प्रायः उनके समसामयिक या थोड़े ही पीछे के ग्रन्थ 'आईने-अकबरी' में भी यही नाम आया था। यह नाम अवश्य इतिहासज्ञों में प्रसिद्ध था। जायसी को इतिहास की जानकारी थी। दूसरी बात यह है कि जायसी ने रत्नसेन का मुसलमानों के हाथ से मारा जाना न लिखकर जो देवपाल के साथ द्वन्द्वयुद्ध में कुम्भलनेरगढ़ के नीचे मारा जाना लिखा है उसका आधार शायद विश्वासघाती के साथ बादशाह से मिलने जानेवाला वह प्रवाद हो जिसका उल्लेख आईने-अकबरीकार ने किया।

अपनी कथा को काव्योपयोगी स्वरूप देने के लिए ऐतिहासिक घटनाओं के ब्योरों में कुछ फेरफार करने का अधिकार कवि को बराबर रहता है। जायसी ने भी इस अधिकार का उपयोग कई स्थानों पर किया है। सबसे पहले तो हमें राघवचेतन की कल्पना मिलती है। इसके उपरान्त अलाउद्दीन के चित्तौड़गढ़ घेरने की सन्धि की जो शर्त (समुद्र से पायी हुई पाँच वस्तुओं को देने की) अलाउद्दीन की ओर से पेश की गयी वह भी कल्पित है। इतिहास में दर्पण के बीच पद्मिनी की छाया देखने की

शर्त प्रसिद्ध है। पर दर्पण में प्रतिबिम्ब देखने की बात का जायसी ने आकस्मिक घटना के रूप में वर्णन किया है। इतना परिवर्तन कर देने से नायक रत्नसेन के गौरव की पूर्ण रूप से रक्षा हुई है। पद्मिनी की छाया भी दूसरे को दिखाने पर सम्मत होना रत्नसेन ऐसे पुरुषार्थी के लिए कवि ने अच्छा नहीं समझा। तीसरा परिवर्तन कवि ने यह किया है कि अलाउद्दीन के शिविर में बन्दी होने के स्थान पर रत्नसेन का दिल्ली में बन्दी होना लिखा है। रत्नसेन को दिल्ली में ले जाने से कवि को दूती और जोगिन के वृत्तान्त, रानियों के विरह और विलाप तथा गोरा-बादल के प्रयत्न-विस्तार का पूरा अवकाश मिला है। इस अवकाश के भीतर जायसी ने पद्मिनी के सतीत्व की मनोहर व्यंजना के अनन्तर बालक बादल का यह क्षात्र-तेज तथा कर्त्तव्य की कठोरता का वह दिव्य और मर्मस्पर्शी दृश्य दिखाया है जो पाठक के हृदय को द्रवीभूत कर देता है। देवपाल और अलाउद्दीन का दूती भेजना तथा बादल और उसकी स्त्री का संवाद, ये दोनों प्रसंग इसी निमित्त कल्पित किये गये हैं। देवपाल कल्पित पात्र है। पीछा करते हुए अलाउद्दीन के चित्तौड़ पहुँचने के पहले ही रत्नसेन का देवपाल के हाथ से मारा जाना और अलाउद्दीन के हाथ से न पराजित होना दिखाकर कवि ने अपने चरित्रनायक की आन रखी।

पद्मिनी क्या सचमुच सिंहल की थी? पद्मिनी सिंहलद्वीप की हो नहीं सकती। यदि 'सिंहल' नाम ठीक मानें तो वह राजपूताने या गुजरात का कोई स्थान होगा। न तो सिंहलद्वीप में चौहान आदि राजपूतों की बस्ती का कोई पता है, न इधर हजार वर्ष से कूपमण्डूक बने हुए हिन्दुओं के सिंहलद्वीप में जाकर विवाह-सम्बन्ध करने का। दुनिया जानती है कि सिंहलद्वीप के लोग (तमिल और सिंहली दोनों) कैसे काले-कलूटे होते हैं। वहाँ पद्मिनी स्त्रियों का पाया जाना गोरखपन्थी साधुओं की कल्पना है।

नाथपन्थ की परम्परा वास्तव में महायान शाखा के योगमार्गी बौद्धों की थी जिसे गोरखनाथ ने शैव रूप दिया। बौद्ध धर्म जब भारतवर्ष से उठ गया तब उसके शास्त्रों के अध्ययन-अध्यापन का प्रचार यहाँ न रह गया। सिंहलद्वीप में ही बौद्ध शास्त्रों के अच्छे-अच्छे पण्डित रह गये। इसी से भारतवर्ष के अवशिष्ट योगमार्गी बौद्धों में सिंहलद्वीप एक सिद्धपीठ समझा जाता रहा। इसी धारणा के अनुसार गोरखनाथ के अनुयायी भी सिंहलद्वीप को एक सिद्धपीठ मानते हैं। उनका कहना है कि जोगियों को पूर्ण सिद्धि प्राप्त करने के लिए सिंहलद्वीप जाना पड़ता है जहाँ साक्षात् शिव परीक्षा के पीछे सिद्धि प्रदान करते हैं। पर वहाँ जानेवाले जोगियों के शम-दम की पूरी परीक्षा होती है। वहाँ सुवर्ण और रत्नों की अतुल राशि सामने आती है तथा पद्मिनी स्त्रियाँ अनेक प्रकार से लुभाती हैं। बहुत-से जोगी उन पद्मिनियों के हाव-भाव में फँस योगभ्रष्ट हो जाते हैं। कहते हैं गोरखनाथ (वि. संवत् 1407) के गुरु मत्स्येन्द्रनाथ (मछन्दरनाथ) जब सिंहल में सिद्धि की पूर्णता के लिए गये तब पद्मिनियों के जाल में इसी प्रकार फँस गये। पद्मिनियों ने उन्हें एक कुएँ में डाल

रखा था। अपने गुरु की खोज में गोरखनाथ भी सिंहल गये और उसी कुएँ के पास से होकर निकले। उन्होंने अपने गुरु की आवाज पहचानी और कुएँ के किनारे खड़े होकर बोले, ''जाग मछन्दर गोरख आया।'' इसी प्रकार की और भी कहानियाँ प्रसिद्ध हैं।

अब पद्मावत की पूर्वार्द्ध कथा के सम्बन्ध में एक और प्रश्न यह होता है कि वह जायसी द्वारा कल्पित है अथवा जायसी के पहले से कहानी के रूप में जनसाधारण के बीच प्रचलित चली आती है। उत्तर भारत में विशेषतः अवध में 'पद्मिनी रानी और हीरामन सुआ' की कहानी अब तक प्रायः उसी रूप में कही जाती है, जिस रूप में उसका वर्णन किया है। जायसी इतिहासविज्ञ थे इससे उन्होंने रत्नसेन, अलाउद्दीन आदि नाम दिये हैं, पर कहानी कहनेवाले नाम नहीं लेते हैं, केवल यही कहते हैं कि, 'एक राजा था', 'दिल्ली का एक बादशाह था' इत्यादि। यह कहानी बीच-बीच में गा-गाकर कही जाती है। जैसे, राजा की पहली रानी जब दर्पण में अपना मुँह देखती है तब सुआ से पूछती है–

देस देस तुम फिरौ हौ सुअटा! मोरे रूप और कहु कोई?

सुआ उत्तर देता है–

काह बखानौ सिंहल कै रानी। तोरे रूप भरैं सब पानी।

इसी प्रकार 'बाला लखनदेव' आदि की और रसात्मक कहानियाँ अवध में प्रचलित हैं, जो बीच-बीच में गा-गाकर कही जाती हैं।

इस सम्बन्ध में हमारा अनुमान है कि जायसी ने प्रचलित कहानी को ही लेकर, सूक्ष्म ब्योरों की मनोहर कल्पना करके इसे काव्य का सुन्दर स्वरूप दिया है। इस मनोहर कहानी को कई लोगों ने काव्य के रूप में बाँधा। हुसैन गजनवी ने 'किस्सए पद्मावत' नाम का एक फारसी काव्य लिखा। सन् 1652 ई. में रायगोविन्द मुन्शी ने पद्मावती की कहानी फारसी गद्य में 'तुकफतुल कुलूब' नाम से लिखी। उनके पीछे मीर जियाउद्दीन 'इब्रत' और गुलामअली 'इशरत' ने मिलकर सन् 1769 ई. में उर्दू शेरों में इस कहानी को लिखा। मलिक मुहम्मद जायसी ने अपनी 'पद्मावत' सन् 1520 ई. में लिखी थी।

'पद्मावत' की प्रेमपद्धति–'पद्मावत' की जो आख्यायिका ऊपर दी जा चुकी है उससे स्पष्ट है कि वह एक प्रेम-कहानी है। अब संक्षेप में यह देखना चाहिए कि कवियों में दाम्पत्य प्रेम का आविर्भाव वर्णन करने की जो प्रणालियाँ प्रचलित हैं उनमें से 'पद्मावत' में वर्णित प्रेम किसके अन्तर्गत आता है।

(1) सबसे पहले उस प्रेम को लीजिये जो आदिकाव्य रामायण में दिखाया गया है। इसका विकास विवाह-सम्बन्ध हो जाने के पीछे और पूर्ण उत्कर्ष जीवन की विकट स्थितियों में दिखायी पड़ता है। राम के वन जाने की तैयारी के साथ सीता के प्रेम का स्फुरण होता है। सीताहरण होने पर, राम के प्रेम की कान्ति सहसा फूटती हुई दिखायी पड़ती है। वन के जीवन में इस पारस्परिक प्रेम की आनन्दविधायिनी शक्ति

लक्षित होती है और लंका की चढ़ाई में इसका तेज, साहस और पौरुष। यह प्रेम अत्यन्त स्वाभाविक, शुद्ध और निर्मल है। यह विलासिता या कामुकता के रूप में हमारे सामने नहीं आता, बल्कि मनुष्य-जीवन के बीच एक मानसिक शक्ति के रूप में दिखायी पड़ता है। उभय पक्ष में सम होने पर भी नायक पक्ष में यह कर्त्तव्यबुद्धि द्वारा कुछ संयत दिखायी पड़ता है।

(2) दूसरे प्रकार का प्रेम विवाह के पूर्व होता है। विवाह जिसका फलस्वरूप होता है। इसमें नायक-नायिका संसार-क्षेत्र में घूमते-फिरते हुए कहीं जैसे—उपवन, नदी-तट, वीथी इत्यादि में एक-दूसरे को देख मोहित होते हैं और दोनों में प्रीति हो जाती है। अधिकतर नायक की ओर से नायिका की प्राप्ति का प्रयत्न होता है। इसी प्रयत्नकाल में संयोग और विप्रलम्भ दोनों के अवसरों का सन्निवेश रहता है और विवाह हो जाने पर प्रायः कथा की समाप्ति हो जाती है। इसमें कहीं बाहर घूमते-फिरते साक्षात्कार होता है। इससे मनुष्य के आदिम प्राकृतिक जीवन की स्वाभाविकता बनी रहती है। अभिज्ञान शाकुन्तल, विक्रमोर्वशी आदि की कथा इसी प्रकार की है। गोस्वामी तुलसीदास जी ने सीता और राम के प्रेम का आरम्भ विवाह के पूर्व दिखाने के लिए ही उनका जनक की वाटिका में परस्पर साक्षात्कार कराया है। पर साक्षात्कार और विवाह के बीच के थोड़े-से अवकाश में परशुरामवाले झमेले को छोड़ प्रयत्न का कोई विस्तार दिखायी नहीं पड़ता। अतः रामकथा को इस दूसरे प्रकार की प्रेमकथा का स्वरूप न प्राप्त हो सका।

(3) तीसरे प्रकार के प्रेम का उदय प्रायः राजाओं के अन्तःपुर, उद्यान आदि के भीतर भोगविलास या रंग-रहस्य के रूप में दिखाया जाता है, जिसमें सपत्नियों के द्वेष, विदूषक आदि के हास-परिहास और राजाओं की स्त्रैणता आदि का दृश्य होता है। उत्तरकाल के संस्कृत नाटकों में इसी प्रकार के पौरुषहीन, निःसार और विलासमय प्रेम का प्रायः वर्णन हुआ है, जैसे—रत्नावली, प्रियदर्शिका, कर्पूरमंजरी इत्यादि में। इसमें नायक को कहीं बाहर, वन, पर्वत आदि के बीच में नहीं जाना पड़ता है; उसे घर के भीतर ही लुकता-छिपता चौकड़ी भरता दिखाया गया है।

(4) चौथे प्रकार का वह प्रेम है जो गुणश्रवण, चित्रदर्शन, स्वप्नदर्शन आदि से बैठे-बिठाये उत्पन्न होता है और नायक और नायिका को संयोग के लिए प्रयत्नवान् करता है। ऊषा और अनिरुद्ध का प्रेम इसी प्रकार का समझिये; जिसमें प्रयत्न स्त्री जाति की ओर से होने के कारण वह कुछ अधिक विस्तार या उत्कर्ष नहीं प्राप्त कर सका है। पर स्त्रियों का प्रयत्न भी यह विस्तार या उत्कर्ष प्राप्त कर सकता है। इसकी सूचना भारतेन्दु ने 'पगन में छाले परे, नाघिबे के नाले परे, तऊ लाल लाले परे रावरे दरस के' द्वारा दी है।

इन चार प्रकार के प्रेमों का वर्णन नये और पुराने भारतीय साहित्य में है। ध्यान देने की बात यह है कि विरह की व्याकुलता और असह्य वेदना स्त्रियों के मत्थे अधिक मढ़ी गयी है। प्रेम के वेग की मात्रा स्त्रियों में अधिक दिखायी गयी है।

नायक के दिन-दिन क्षीण होने, विरहताप में भस्म होने, सूखकर ठठरी होने, के वर्णन में कवियों का जी उतना नहीं लगा है। बात यह कि स्त्रियों की शृंगारचेष्टा का वर्णन करने में पुरुषों को जो आनन्द आता है, वह पुरुषों की दशा का वर्णन करने में नहीं। इसी से स्त्रियों का विरहवर्णन हिन्दी काव्य का एक प्रधान अंग ही बन गया। ऋतुवर्णन तो केवल इसी की बदौलत रह गया।

कहने की आवश्यकता नहीं कि जायसी ने 'पद्मावत' में जिस प्रेम का वर्णन किया है वह चौथे ढंग का है। पर इसमें वे कुछ विशेषता भी लाये हैं। जायसी के शृंगार में मानसिक पक्ष प्रधान है, शारीरिक गौण है। चुम्बन, आलिंगन आदि का वर्णन कवि ने बहुत कम किया है। केवल मन के उल्लास और वेदना का कथन अधिक किया है। प्रयत्न नायक की ओर से है और उसकी कठिनता द्वारा कवि ने नायक के प्रेम को नापा है। नायक का यह आदर्श लैला-मजनूँ, शीरीं-फरहाद आदि उन अरबी-फ़ारसी कहानियों के आदर्श से मिलता-जुलता है जिसमें हड्डी की ठठरी भर लिये हुए टाँकियों से पहाड़ खोद डालनेवाले आशिक पाये जाते हैं। फारस के प्रेम में नायक के प्रेम का वेग अधिक तीव्र दिखायी पड़ता है और भारत के प्रेम में नायिका के प्रेम का। जायसी ने आगे चलकर नायक और नायिका दोनों के प्रेम की तीव्रता समान करके दोनों आदर्शों का एक में मेल कर दिया है। राजा रत्नसेन सुआ के मुँह से पद्मावती का रूप-वर्णन सुन जोगी होकर घर से निकल जाता है और मार्ग के अनेक दुःखों को झेलता हुआ सात समुद्र पार कर सिंहलद्वीप पहुँचता है। उधर पद्मावती भी राजा के प्रेम को सुन विरहाग्नि में जलती हुई साक्षात्कार के लिए विह्वल होती है और जब रत्नसेन को सूली की आज्ञा होती है तब उसके लिए मरने को तैयार होती है।

एक प्रकार का और मेल भी कवि ने किया है। फ़ारसी की मसनवियों का प्रेम ऐकान्तिक, लोकबाह्य और आदर्शात्मक (आइडियलिस्टिक) होता है। वह संसार की वास्तविक परिस्थिति के बीच नहीं दिखाया जाता, संसार की और सब बातों से अलग एक स्वतन्त्र सत्ता के रूप में दिखाया जाता है। उसमें जो घटनाएँ आती हैं वे केवल प्रेममार्ग की होती हैं, संसार के और व्यवहारों से उत्पन्न नहीं। साहस, दृढ़ता और वीरता भी यदि कहीं दिखलायी पड़ती है तो प्रेमोन्माद के रूप में, लोककर्त्तव्य के रूप में नहीं। भारतीय प्रेमपद्धति आदि में तो लोकसम्बद्ध और व्यवहारात्मक थी ही, पीछे भी अधिकतर वैसी ही रही। आदिकवि के काव्य में प्रेम लोकव्यवहार से कहीं अलग नहीं दिखाया गया है, जीवन के और-और विभागों के सौन्दर्य के बीच उसके सौन्दर्य की प्रभा फूटती दिखायी पड़ती है। राम के समुद्र में पुल बाँधने और रावण ऐसे प्रचण्ड शत्रु के मार गिराने को हम केवल एक प्रेमी के प्रयत्न के रूप में नहीं देखते, वीर धर्मानुसार पृथ्वी का भार उतारने के प्रयत्न के रूप में देखते हैं। पीछे कृष्णचरित, कादम्बरी, नैषधीय चरित, माधवानल कामकन्दला आदि ऐकान्तिक प्रेम-कहानियों का भी भारतीय साहित्य में प्रचुर प्रचार हुआ। ये कहानियाँ अब फारसी की प्रेमपद्धति

के अधिक मेल में थीं। नल-दमयन्ती की प्रेम-कहानी का अनुवाद बहुत पहले फारसी क्या, अरबी तक में हुआ। इन कहानियों का उ़ल्लेख 'पद्मावत' में स्थान-स्थान पर हुआ है।

जायसी ने यद्यपि इश्क के दास्तानवाली मसनवियों के प्रेम के स्वरूप को प्रधान रखा है पर बीच-बीच में भारत के लोकव्यवहारसंलग्न स्वरूप का भी मेल किया है। इश्क की मसनवियों के समान 'पद्मावत' लोकपक्षशून्य नहीं है। राजा जोगी होकर घर से निकलता है, इतना कहकर कवि यह भी कहता है कि चलते समय उसकी माता और रानी दोनों उसे रो-रोकर रोकती हैं। जैसे कवि ने राजा से संयोग होने पर पद्मावती के रसरंग का वर्णन किया है वैसे ही सिंहलद्वीप से विदा होते समय परिजनों और सखियों से अलग होने का स्वाभाविक दुःख भी। कवि ने जगह-जगह पद्मावती को जैसे चन्द्र, कमल इत्यादि के रूप में देखा है, वैसे ही उसे प्रथम समागम से डरते, सपत्नी से झगड़ते और प्रिय के हित के अनुकूल लोकव्यवहार करते भी देखा है। राघवचेतन के निकाले जाने पर राजा और राज्य के अनिष्ट की आशंका से पद्मावती उस ब्राह्मण को अपना खास कंगन दान देकर सन्तुष्ट करना चाहती है। प्रेम का लोक पक्ष कैसा सुन्दर है ! लोकव्यवहार के बीच भी अपनी आभा का प्रसार करनेवाली प्रेमज्योति का महत्त्व कुछ कम नहीं।

जायसी ऐकान्तिक प्रेम की गूढ़ता और गम्भीरता के बीच-बीच में जीवन के और अंगों के साथ भी उस प्रेम के सम्पर्क का स्वरूप कुछ दिखाते गये हैं, इससे उनकी प्रेमगाथा पारिवारिक और सामाजिक जीवन से विच्छिन्न होने से बच गयी है। उसमें भावात्मक और व्यवहारात्मक दोनों शैलियों का मेल है। पर है वह प्रेमगाथा ही, पूर्ण जीवनगाथा नहीं। ग्रन्थ का पूर्वार्द्ध—आधे से अधिक भाग—तो प्रेममार्ग के विवरण से ही भरा है। उत्तरार्द्ध में जीवन के और अंगों का सन्निवेश मिलता है, पर वे पूर्णतया परिस्फुट नहीं हैं। दाम्पत्य प्रेम के अतिरिक्त मनुष्य की और वृत्तियाँ, जिनका कुछ विस्तार के साथ समावेश है, ये यात्रा, युद्ध, सपत्नीकलह, मातृस्नेह, स्वामिभक्ति, वीरता, कृतघ्नता, छल और सतीत्व हैं पर इनके होते हुए भी 'पद्मावत' को हम शृंगार-रस-प्रधान काव्य ही कह सकते हैं। 'रामचरित' के समान मनुष्य-जीवन की भिन्न-भिन्न बहुत-सी परिस्थितियों और सम्बन्धों का इसमें समन्वय नहीं है।

तोते के मुँह से पद्मावती का रूप-वर्णन सुनने से राजा रत्नसेन को जो पूर्वराग हुआ, अब उस पर थोड़ा विचार कीजिये। देखने में तो वह उसी प्रकार का जान पड़ता है जिस प्रकार का हंस के मुख से दमयन्ती का रूपवर्णन सुनकर नल को या नल का रूपवर्णन सुनकर दमयन्ती को हुआ था। पर ध्यान देकर विचार करने से दोनों में एक ऐसा अन्तर दिखायी पड़ेगा, जिसके कारण एक की तीव्रता जितनी अयुक्त दिखायी देगी उतनी दूसरे की नहीं। पूर्वराग में ही विप्रलम्भ शृंगार की बहुत-सी दशाओं की योजना श्रीहर्ष ने भी की है और जायसी ने भी। पूर्वराग पूर्ण रति नहीं है, अतः उसमें केवल 'अभिलाष' स्वाभाविक जान पड़ती है; शरीर का सूखकर काँटा

होना, मूर्च्छा, उन्माद आदि नहीं। तोते के मुँह से पहले ही पहले पद्मावती का वर्णन सुनते ही रत्नसेन का मूर्च्छित हो जाना और पूर्ण वियोगी बन जाना अस्वाभाविक-सा लगता है। पर हंस के मुँह से रूप, गुण आदि की प्रशंसा सुनने पर जो विरह की दारुण दशा दिखायी गयी है वह इसलिए अधिक नहीं खटकती कि नल और दमयन्ती दोनों बहुत दिनों से एक-दूसरे के रूप-गुण की प्रशंसा सुनते आ रहे थे, जिससे उनका पूर्वराग 'मंजिष्ठा राग' की अवस्था को पहुँच गया था।

जब तक पूर्वराग आगे चलकर पूर्ण रति या प्रेम के रूप में परिणत नहीं होता, तब तक उसे हम चित्त की कोई उदात्त या गम्भीर वृत्ति नहीं कह सकते। हमारी समझ में तो दूसरे के द्वारा, चाहे वह चिड़िया हो या आदमी, किसी पुरुष या स्त्री के रूप, गुण आदि को सुनकर चट उसकी प्राप्ति की इच्छा उत्पन्न करनेवाला भाव लोभमात्र कहला सकता है, परिपुष्ट प्रेम नहीं। लोभ और प्रेम के लक्ष्य में सामान्य और विशेष का ही अन्तर समझा जाता है। कहीं कोई अच्छी चीज सुनकर दौड़ पड़ना, यह लोभ है। विशेष वस्तु, चाहे दूसरों के निकट वह अच्छी हो या बुरी, देख उसमें इस प्रकार रम जाना कि उससे कितनी ही बढ़कर अच्छी वस्तुओं के सामने आने पर भी उसकी ओर ध्यान न जाये, प्रेम है। व्यवहार में भी प्रायः देखा जाता है कि वस्तु-विशेष के ही प्रति जो लोभ होता है वह लोभ नहीं कहलाता। जैसे, यदि कोई मनुष्य पकवान या मिठाई का नाम सुनते ही चंचल हो जाये तो लोग कहेंगे कि वह बड़ा लालची है, पर यदि कोई केवल गुलाबजामुन का नाम आने पर चाह प्रकट करे तो लोग यही कहेंगे कि इन्हें गुलाबजामुन बहुत अच्छी लगती है। तत्काल सुने हुए रूपवर्णन से उत्पन्न 'पूर्वराग' और 'प्रेम' में भी इसी प्रकार का अन्तर समझिये। पूर्वराग रूप-गुणप्रधान होने के कारण सामान्योन्मुख होता है, पर प्रेम व्यक्तिप्रधान होने के कारण विशेषोन्मुख होता है। एक ने आकर कहा, अमुक बहुत सुन्दर है; फिर कोई दूसरा आकर कहता है कि अमुक नहीं, अमुक बहुत सुन्दर है। इस अवस्था में बुद्धि का व्यभिचार बना रहेगा। प्रेम में पूर्ण व्यभिचारशान्ति प्राप्त हो जाती है।

कोई वस्तु बहुत बढ़िया है, जैसे यह सुनकर हमें उसका लोभ हो जाता है, वैसे ही कोई व्यक्ति बहुत सुन्दर है, इतना सुनते ही उसकी जो चाह उत्पन्न हो जाती है वह साधारण लोभ से भिन्न नहीं कही जा सकती है। प्रेम भी लोभ ही है, पर विशेषोन्मुख। वह मन और मन के बीच का लोभ है, हृदय और हृदय के बीच का सम्बन्ध है। उसके एक पक्ष में भी हृदय है और दूसरे पक्ष में भी। अतः सच्चा सजीव प्रेम प्रेमपात्र के हृदय को स्पर्श करने का प्रयत्न पहले करता है, शरीर पर अधिकार करने का प्रयत्न पीछे करता है, या नहीं भी करता है। सुन्दर स्त्री कोई बहुमूल्य पत्थर नहीं है कि अच्छा सुना और लेने के लिए दौड़ पड़े। इस प्रकार का दौड़ना रूपलोभ ही कहा जायेगा, प्रेम नहीं।

बिना परिचय के प्रेम नहीं हो सकता। यह परिचय पूर्णतया तो साक्षात्कार से होता है; पर बहुत दिनों तक किसी के रूप, गुण, कर्म आदि का ब्योरा सुनते-सुनते

भी उसका ध्यान मन में जगह कर लेता है। किसी के रूप-गुण की प्रशंसा सुनते ही एकबारगी प्रेम उत्पन्न हो जाना स्वाभाविक नहीं जान पड़ता। प्रेम दूसरों की आँखों नहीं देखता, अपनी आँखों देखता है। अतः राजा रत्नसेन तोते के मुँह से पद्मावती का अलौकिक रूपवर्णन सुन, जिस भाव भी प्रेरणा से निकल पड़ता है वह पहले रूप-लोभ ही कहा जा सकता है। इस दृष्टि से देखने पर कवि जो उसके प्रयत्न को तप का स्वरूप देता हुआ आत्मत्याग और विरहविकलता का विस्तृत वर्णन करता है वह एक नकल-सा मालूम होता है। प्रेमलक्षण उसी समय दिखायी पड़ता है जब वह शिवमन्दिर में पद्मावती की झलक देख बेसुध हो जाता है। इस प्रेम की पूर्णता उस समय स्फुट होती है जब पार्वती अप्सरा का रूप धारण करके उसके सामने आती हैं और वह उनके रूप की ओर ध्यान न देकर कहता है कि—

भलेहि रंग अछरी तोर राता। मोहिं दूसरे सौं भाव न बाता॥

उक्त कथन से रूप लोभ की व्यंजना नहीं होती, प्रेम की व्यंजना होती है। प्रेम दूसरा रूप चाहता ही नहीं, चाहे वह प्रेमपात्र के रूप से कितना ही बढ़कर हो। लैला कुछ बहुत खूबसूरत न थी, पर मजनूँ उसी पर मरता था। यही विशिष्टता और एकनिष्ठता प्रेम है। पर इस विशिष्टता के लिए एक निर्दिष्ट भावना चाहिए, जो एक तोते के वर्णनमात्र से नहीं प्राप्त हो सकती। भावना को निर्दिष्ट करने के लिए ही मनस्तत्त्व से अभिज्ञ कवि पूर्वराग के बीच चित्रदर्शन की योजना करते हैं। पर यह रूपभावना पूर्ण रूप से निर्दिष्ट साक्षात्कार द्वारा ही होती है। शिवमन्दिर में पद्मावती की एक झलक जब राजा ने देखी तभी उसकी भावना निर्दिष्ट हुई। मन्दिर में उस साक्षात्कार के पूर्व राजा की भावना निर्दिष्ट नहीं कही जा सकती। मान लीजिये कि सिंहल के तट पर उतरते ही वही अप्सरा आकर कहती है कि, 'मैं पद्मावती हूँ' और तोता भी सकारता, तो रत्नसेन उसे स्वीकार ही कर लेता। ऐसी अवस्था में उसके प्रेम का लक्ष्य निर्दिष्ट कैसे कहा जा सकता है? अतः रूपवर्णन सुनते ही रत्नसेन के प्रेम का जो प्रबल और अदम्य स्वरूप दिखाया गया है वह प्राकृतिक व्यवहार की दृष्टि से उपयुक्त नहीं दिखायी पड़ता।

राजा रत्नसेन तोते के मुँह से पद्मावती का रूपवर्णन सुन उसके लिए जोगी होकर निकल पड़ा और अलाउद्दीन ने राघवचेतन के मुँह से वैसा ही वर्णन सुन करके उसके लिए चित्तौड़ पर चढ़ाई कर दी। क्यों एक प्रेमी के रूप में दिखायी पड़ता है और दूसरा रूप-लोभी लम्पट के रूप में? अलाउद्दीन के विपक्ष में दो बातें ठहरती हैं—(1) पद्मावती का दूसरे की विवाहिता स्त्री होना और (2) अलाउद्दीन का उग्र प्रयत्न करना। ये ही दोनों प्रकार के अनौचित्य अलाउद्दीन की चाह को प्रेम का स्वरूप प्राप्त नहीं होने देते। यदि इस अनौचित्य का विचार छोड़ दें तो रूपवर्णन सुनते ही तत्काल दोनों के हृदय में जो चाह उत्पन्न हुई वह एक-दूसरे से भिन्न नहीं जान पड़ती।

रत्नसेन के पूर्वराग के वर्णन में जो यह अस्वाभाविकता आयी है इसका कारण है लौकिक प्रेम और ईश्वरप्रेम दोनों को एक स्थान पर व्यंजित करने का प्रयत्न। शिष्य जिस प्रकार गुरु से परोक्ष ईश्वर के स्वरूप का कुछ आभास पाकर प्रेममग्न होता है उसी प्रकार रत्नसेन तोते के मुँह से पद्मिनी का रूपवर्णन सुन बेसुध हो जाता है। ऐसी ही अलौकिकता पद्मिनी के रूप में भी कवि ने दिखायी है।

राजा रत्नसेन के सिंहल पहुँचते ही कवि ने पद्मावती की बेचैनी का वर्णन किया है। पद्मावती को अभी तक रत्नसेन के आने की कुछ भी खबर नहीं है। अतः यह व्याकुलता केवल काम की कही जा सकती है, वियोग की नहीं। बाह्य और अभ्यन्तर संयोग के पीछे ही वियोगदशा सम्भव है। यद्यपि आचार्यों ने वियोगदशा को कामदशा ही कहा है पर दोनों में अन्तर है। समागम के सामान्य अभाव का दुःख कामवेदना है और विशेष व्यक्ति के समागम के अभाव का दुःख वियोग है। जायसी के वर्णन में दोनों का मिश्रण है। रत्नसेन का नाम तक सुनने के पहले वियोग की व्याकुलता कैसे हुई, इसका समाधान कवि के पास यदि कुछ है तो रत्नसेन के योग का अलक्ष्य प्रभाव–

पद्मावति तेहि जोग सँजोगा। परी प्रेम बस गहे बियोगा॥

साधनात्मक रहस्यवाद में योग जिस प्रकार अज्ञात ईश्वर के प्रति होता है उसी प्रकार सूफियों का प्रेमयोग भी अज्ञात के प्रति होता है। पर इस प्रकार के परोक्षवाद या योग के चमत्कार पर ध्यान जाने पर भी वह वर्णन के अनौचित्य की ओर बिना गये नहीं रह सकता। जब कोई व्यक्ति निर्दिष्ट ही नहीं तब कहाँ का प्रेम और कहाँ का वियोग? उस कामदशा में पद्मावती को धाय समझा ही रही है कि हीरामन सुआ आकर राजा रत्नसेन के रूप-गुण का वर्णन करता है और पद्मावती उसकी प्रेमव्यथा और तप को सुनकर दयार्द्र और पूर्वरागयुक्त होती है। पूर्वराग का आरम्भ पद्मावती में यहीं से समझना चाहिए। अतः इसके पहले योग की दुहाई देकर भी वियोग का नाम लेना नहीं जँचता।

विवाह हो जाने के पीछे पद्मावती का प्रेम दो अवसरों पर अपना बल दिखाता है। एक तो उस समय जब राजा रत्नसेन के दिल्ली में बन्दी होने का समाचार मिलता है और फिर उस समय जब राजा युद्ध में मारा जाता है, ये दोनों अवसर विपत्ति के हैं। साधारण दृष्टि से एक में आशा के लिए स्थान है, दूसरे में नहीं। पर सच्चे पहुँचे हुए प्रेमी के समान प्रथम स्थिति में तो पद्मावती संसार की ओर दृष्टि रखती हुई विह्वल और क्षुब्ध दिखायी पड़ती है; और दूसरी स्थिति में दूसरे लोक की ओर दृष्टि फेरे हुए पूर्ण आनन्दमयी और प्रशान्त। राजा के बन्दी होने का समाचार पाने पर रानी के विरह-विह्वल हृदय में उद्योग और साहस का उदय होता है। वह गोरा और बादल के पास आप दौड़ी जाती है और रो-रोकर उनसे अपने पति के उद्धार की प्रार्थना करती है। राजा रत्नसेन के मरने पर रोना-धोना नहीं सुनायी देता। नागमती और पद्मावती दोनों शृंगार करके प्रिय से उस लोक में मिलने के लिए तैयार होती हैं। यह दृश्य हिन्दू स्त्री के जीवनदीपक की अत्यन्त उज्ज्वल और दिव्य प्रभा है जो निर्वाण के पूर्व दिखायी पड़ती है।

राजा के बन्दी होने पर जिस प्रकार कवि ने पद्मावती के प्रेमप्रसूत साहस का दृश्य दिखाया है उसी प्रकार सतीत्व की दृढ़ता का भी। पर यह कहना पड़ता है कि कवि ने जो कसौटी तैयार की है वह इतने बड़े प्रेम के उपयुक्त नहीं है। कुम्भलनेर का राजा देवपाल रूप, गुण, ऐश्वर्य, पराक्रम, प्रतिष्ठा किसी में भी रत्नसेन की बराबरी का न था। अतः उसका दूती भेजकर पद्मावती को बहकाने का प्रयत्न गड़ा हुआ खम्भा ढकेलने का बाल-प्रयत्न-सा लगता है। इस घटना के सन्निवेश से पद्मावती के सतीत्व की उज्ज्वल कान्ति में और भी अधिक ओप चढ़ती नहीं दिखायी देती। यदि वह दूती दिल्ली के बादशाह की होती और दिल्लीश्वर की सारी शक्ति और विभूति का लोभ दिखाती तो अलबत्ता यह घटना किसी हद तक इतने बड़े प्रेम की परीक्षा का पद प्राप्त कर सकती थी, क्योंकि देवलदेवी और कमलादेवी के विपरीत आचरण का दृष्टान्त इतिहासविज्ञ जानते ही हैं।

पद्मावती के नवप्रस्फुटित प्रेम के साथ-साथ नागमती का गार्हस्थ्यपरिपुष्ट प्रेम भी अत्यन्त मनोहर है। पद्मावती प्रेमिका के रूप में अधिक लक्षित होती है, पर नागमती पतिप्राणा हिन्दू पत्नी के मधुर रूप में ही हमारे सामने आती है। उसे पहले-पहल हम रूपगर्विता और प्रेमगर्विता के रूप में देखते हैं। ये दोनों प्रकार के गर्व दाम्पत्य सुख के द्योतक हैं। राजा के निकल जाने के पीछे फिर हम उसे प्रोषित-पतिका के उस निर्मल स्वरूप में देखते हैं जिसका भारतीय काव्य और संगीत में प्रधान अधिकार रहा है, और है। यह देखकर अत्यन्त दुःख होता है कि प्रेम का यह पुनीत भारतीय स्वरूप विदेशी प्रभाव से, विशेषतः उर्दू शायरी के चलते गीतों से हटता-सा जा रहा है। यार, महबूब, सितम, तेग, खंजर, जख्म, आबले, खून और मवाद आदि का प्रचार बढ़ रहा है। जायसी के भावुक हृदय ने स्वकीया के पुनीत प्रेम को पहचाना। नागमती का वियोग हिन्दी साहित्य में विप्रलम्भ शृंगार का अत्यन्त उत्कृष्ट निरूपण है।

पुरुषों के बहुविवाह की प्रथा से उत्पन्न प्रेममार्ग की व्यावहारिक जटिलता को जिस दार्शनिक ढंग से कवि ने सुलझाया है वह ध्यान देने योग्य है। नागमती और पद्मावती को झगड़ते सुनकर दक्षिण नायक राजा रत्नसेन दोनों को समझाता है—

एक बार जेइ पिय मन बूझा। सो दूसरे सौं काहे क जूझा?
अस गियान मन आव न कोई। कबहूँ राति, कबहुँ दिन होई॥
धूप छाँह दूनौ एक रंगा। दूनौ मिली रहहिं एक संगा॥
जूझब छाँड़हु बूझहु दोऊ। सेव करहु सेवा फल होऊ॥

कवि के अनुसार जिस प्रकार करोड़ों मनुष्यों का उपास्य एक ईश्वर होता है उसी प्रकार कई स्त्रियों का उपास्य एक पुरुष हो सकता है। पुरुष की यह विशेषता उसकी सबलता और उच्च स्थिति की भावना के कारण है जो बहुत प्राचीनकाल से बद्धमूल है। इस भावना के अनुसार पुरुष स्त्री के प्रेम का ही अधिकारी नहीं है, पूज्य भाव का भी अधिकारी है। ऊपर की चौपाइयों में पति-पत्नी के पारस्परिक प्रेमसम्बन्ध की

बात बचाकर सेव्य-सेवक-भाव पर जोर दिया गया है। इसी प्रकार की युक्तियों से पुरानी रीतियों का समर्थन प्रायः किया जाता है। हिन्दुओं और मुसलमानों दोनों में कई स्त्रियों से विवाह करने की रीति बराबर से है। अतः एक प्रेमगाथा के भीतर ही जायसी ने उसका सन्निवेश करके बड़े कौशल से उसके द्वारा मतसम्बन्धी विवादशान्ति का उपदेश निकाला है।

वियोग पक्ष—जायसी का विरहवर्णन कहीं-कहीं अत्यन्त अत्युक्तिपूर्ण होने पर भी मजाक की हद तक नहीं पहुँचने पाया है, उसमें गाम्भीर्य बना हुआ है। इनकी अत्युक्तियाँ बात की करामात नहीं जान पड़तीं, हृदय की अत्यन्त तीव्र वेदना के शब्द-संकेत प्रतीत होती हैं। उनके अन्तर्गत जिन पदार्थों का उल्लेख होता है वे हृदयस्थ ताप की अनुभूति का आभास देनेवाले होते हैं। बाहर-बाहर से ताप की मात्रा नापनेवाले मानदण्डमात्र नहीं। जाड़े के दिनों में भी पड़ोसियों तक पहुँच उन्हें बेचैन करनेवाले, शरीर पर रखे हुए कमल के पत्तों को भूनकर पापड़ बना डालनेवाले, बोतल का गुलाबजल सुखा डालनेवाले ताप से कम ताप जायसी का नहीं है, पर उन्होंने उसके वेदनात्मक और दृश्य अंश पर जितनी दृष्टि रखी है, उतनी उसकी बाहरी नाप-जोख पर नहीं, जो प्रायः ऊहात्मक हुआ करती है। नाप-जोखवाली ऊहात्मक पद्धति का जायसी ने कुछ ही स्थानों पर प्रयोग किया है। जैसे, राजा की प्रेमपत्रिका के इस वर्णन में—

आखर जरहि न काहू छूआ। तब दुख देखि चला लेइ सूआ॥

अथवा नागमती के विरहताप की इस व्यंजना में—

जेहि पंखी के नियर होइ, कहै बिरह कै बात।
सोई पंखी जाइ जरि, तरिवर होहिं निपात॥

इस ऊहात्मक पद्धति का दो-चार जगह व्यवहार चाहे जायसी ने किया हो पर अधिकतर विरहताप के वेदनात्मक स्वरूप की अत्यन्त विशद व्यंजना ही जायसी की विशेषता है। इन्होंने अत्युक्ति की है और खूब की है पर अधिकांश संवेदना के स्वरूप में है, परिमाणनिर्देश के रूप में नहीं है। संवेदना का यह स्वरूप उत्प्रेक्षा अलंकार द्वारा व्यक्त किया गया है। अत्युक्ति या अतिशयोक्ति की उत्प्रेक्षा में सिद्ध और साध्य का भेद होता है। उत्प्रेक्षा में अध्यवसाय साध्य (सम्भावना या संवेदना के रूप में) होता है और अत्युक्ति या अतिशयोक्ति में सिद्ध। "धूप ऐसी है कि रखते-रखते पानी खौल जाता है", यह वाक्य मात्रा का आधिक्यमात्र सूचित करता है। मात्रा के आधिक्य का निरूपण ऊहा द्वारा कुछ चक्कर के साथ भी हो सकता है, जैसा कि बिहारी ने प्रायः किया है। पर यह पद्धति काव्य के लिए सर्वत्र उपयुक्त नहीं। लाक्षणिक प्रयोगों को लेकर कुछ कवियों ने ऊहा का जो विस्तार किया है वह अस्वाभाविक, नीरस और भद्दा हो गया है। वह 'कुल का दीपक' है, इस बात को लेकर यदि कोई कहे कि, "उसके घर तेल के खर्च की बिलकुल बचत होती है", तो इस उक्ति में कवित्व की कुछ भी सरसता न पायी जायेगी। बिहारी का 'पत्रा

ही तिथि पाइये' वाला दोहा इसी प्रकार का है। अस्तु, "धूप ऐसी है कि रखते-रखते पानी खौल जाता है", यह कथन ऊहा द्वारा मात्रा निरूपण के रूप में हुआ। यही बात यदि इस प्रकार कही जाये कि, "धूप क्या है, मानो चारों ओर आग बरस रही है" तो यह संवेदना के रूप में कहा जाना होगा। पहले कथन में ताप की मात्रा का आधिक्य व्यंग्य है, दूसरे में उस ताप से उत्पन्न हृदय की वेदना। एक में वस्तु व्यंग्य है, दूसरे में संवेदना। पहला वाक्य बाह्य वृत्ति का व्यंजक है और दूसरा आभ्यन्तर अनुभूति का। मतलब यह है कि जायसी ने यह कम कहा है कि विरहताप इतनी मात्रा का है, यह अधिक कहा है कि ताप हृदय में ऐसा जान पड़ता है; जैसे–

(क) *जानहुँ अगिनि के उठहि पहारा। औ सब लागहि अंग अँगारा।*

(ख) *जरत बजागिनि करु, पिउ, छाहाँ। आइ बुझाउ अँगारन्ह माहाँ॥*

(ग) *लागिउँ जरै, जरै जस भारू। फिरि फिरि भूँजेसि, तजिउँ न बारू॥*

"फिरि फिरि भूँजेसि, तजिउँ न बारू।" भाड़ की तपती बालू के बीच पड़ा हुआ अनाज का दाना जैसे बार-बार भूने जाने पर उछल-उछल पड़ता है पर उस बालू से बाहर नहीं जाता, उसी प्रकार इस प्रेमजन्य सन्ताप के अतिरेक से मेरा जी हट-हटकर भी उस सन्ताप के सहने की बुरी लत के कारण उसी की ओर प्रवृत्त रहता है। मतलब यह कि वियुक्त प्रिय का ध्यान आते ही चित्त ताप से विह्वल हो जाता है फिर भी वह बार-बार उसी का ध्यान करता रहता है। प्रेमदशा चाहे घोर यन्त्रणामय हो जाय पर हृदय उस दशा से अलग होना नहीं चाहता। यहाँ इसी विलक्षण स्थिति का चित्रण है। यहाँ हम कवि को वेदना के स्वरूपविश्लेषण में प्रवृत्त पाते हैं, ताप की मात्रा नापने में नहीं। मात्रा की नाप तो बाहर-बाहर से भी हो सकती है, पर प्रेमवेदना के आभ्यन्तर स्वरूप की पहचान प्रेमवेदनापूर्ण हृदय में ही हो सकती है। जायसी का ऐसा ही हृदय था। विरहताप का वर्णन कवि ने अधिकतर सादृश्य-सम्बन्ध-मूलक गौणी लक्षणा द्वारा किया है।

आधिक्य या न्यूनता सूचित करने के लिए ऊहात्मक या वस्तुव्यंजनात्मक शैली का विधान कवियों में तीन प्रकार से देखा जाता है–

(1) ऊहा का आधारभूत वस्तु असत्य अर्थात् कवि-प्रौढ़ोक्ति-सिद्ध है।

(2) ऊहा की आधारभूत वस्तु का स्वरूप सत्य या स्वतःसम्भवी है और किसी प्रकार की कल्पना नहीं की गयी है।

(3) ऊहा की आधारभूत वस्तु का स्वरूप सत्य है पर उसके हेतु की कल्पना की गयी है।

इनमें से प्रथम प्रकार के उदाहरण वे हैं जिन्हें बिहारी ने विरहताप के वर्णन में दिये हैं जैसे–पड़ोसियों को जाड़े की रात में भी बेचैन करनेवाला या बोतल में भरे गुलाबजल को सुखा डालनेवाला ताप। दूसरे प्रकार का उदाहरण एक स्थल पर जायसी ने बहुत अच्छा किया है, पर वह विरहताप के वर्णन में नहीं है, काल की दीर्घता के वर्णन में है। आठ वर्ष तक अलाउद्दीन चित्तौड़गढ़ घेरे रहा। इस बात को एक

बार तो कवि ने साधारण इतिवृत्त के रूप में कहा, पर उससे वह गोचर प्रत्यक्षीकरण न हो सका जिसका प्रयत्न काव्य करता है। आठ वर्ष की दीर्घता के अनुमान के लिए फिर उसने यह दृश्य आधार सामने रखा–

आई साह अमराव जो लाए। फरे, झरे पै गढ़ नहीं पाए॥

सच पूछिये तो वस्तुव्यंजनात्मक या ऊहात्मक पद्धति का इसी रूप में अवलम्बन सबसे अधिक उपयुक्त जान पड़ता है। इसमें अनुमान का आधार सत्य या स्वतःसम्भवी है। जायसी अनुमान या ऊहा के आधार के लिए ऐसी वस्तु सामने लाये हैं, जिसका स्वरूप प्राकृतिक है और जिससे सामान्यतः सब लोग परिचित होते हैं। इसी प्रकार एक गीत में एक वियोगिनी नायिका कहती है कि, "मेरा प्रिय दरवाजे पर जो नीम का पेड़ लगा गया था, वह बढ़कर अब फूल रहा है, पर प्रिय न लौटा।" आधार के सत्य और प्राकृतिक स्वरूप के कारण इस उक्ति से कितना भोलापन बरस रहा है !

विरहताप की मात्रा का आधिक्य सूचित करने के लिए जहाँ कहीं जायसी ने ऊहात्मक या वस्तुव्यंजनात्मक शैली का अवलम्बन किया है, वहाँ अधिकतर तीसरे प्रकार का विधान ही देखने में आता है जिसमें ऊहा की आधारभूत वस्तु का स्वरूप तो सत्य और स्वतःसम्भवी होता है पर उसके हेतु की कुछ और ही कल्पना की जाती। इस प्रकार का विधान भी प्रथम प्रकार के विधान से अधिक उपयुक्त होता है। इसमें हेतूत्प्रेक्षा का सहारा लिया जाता है जिसमें 'अप्रस्तुत' वस्तुओं का गृहीत दृश्य वास्तविक होता है, केवल उसका हेतु कल्पित होता है। हेतु परोक्ष हुआ करता है इससे उसकी अतथ्यता सामने आकर प्रतीति में बाधा डालती नहीं जान पड़ती। इस युक्ति से कवि विरहताप के प्रभाव की व्यापकता को बढ़ाता-बढ़ाता सृष्टि भर में दिखा देता है। एक उदाहरण काफी होगा–

अध परजरा बिरह कर गठा। मेघ साम भए धूम जो उठा॥
दाढ़ा राहु केतु गा दाधा। सूरुज जरा, चाँद जरि आधा॥
और सब नखत तराई जरहीं। टूटहिं लूक, धरति महँ परहीं॥
जरै सो धरती ठावहिं ठाऊँ। दहकि पलास जरै तेहि दाऊँ॥

इन चौपाइयों में मेघों का श्याम होना, राहु, केतु का काला (झुलसा-सा) होना, सूर्य का तपना, चन्द्रमा की कला का खण्डित होना, पलाश के फूलों का लाल (दहकते अंगारे-सा) होना आदि सत्य है। वे विरहताप के कारण ऐसे हैं, केवल यह बात कल्पित है।

ताप के अतिरिक्त विरह के और-और अंगों का भी विन्यास जायसी ने इसी हृदयहारिणी और व्यापकत्वविधायिनी पद्धति पर बाह्य प्रकृति को मूल आभ्यन्तर जगत् का प्रतिबिम्ब-सा दिखाते हुए किया है। काम हेतूत्प्रेक्षा से लिया गया है। प्रेमयोगी रत्नसेन के विरहव्यथित हृदय का प्रभाव हम सूर्य, चन्द्र, वन के पेड़, पक्षी, पत्थर, चट्टान सबमें देखते चलते हैं–

रोवँ रोवँ वै बान जो फूटे। सूतहि सूत रुहिर मुख छूटे॥
नैनहिं चली रकत कै धारा। कंथा भीजि भएउ रतनारा॥
सूरुज बूड़ि उठा होइ ताता। औ मजीठ टेसू बन राता॥
भा बसंत, रातीं बनसपती। औ राते सब जोगी जती॥
भूमि जो भीजि भएउ सब गेरू। औ राते तहँ पंखि पखेरू॥
राती सती अगिनि सब काया। गगन मेघ राते तेहि छाया॥
ईंगुर भा पहार जौ भीजा। पै तुम्हार नहिं रोवँ पसीजा॥

इसी प्रकार नागमती के आँसुओं से सारी सृष्टि भीगी हुई जान पड़ती है—

कुहुकि कुहुकि जस कोइल रोई। रकत आँसु घुँघुची बन बोई॥
जहँ जहँ ठाढ़ि होइ बनबासी। तहँ तहँ होइ घुँघुचि कै रासी॥
बूँद बूँद महँ जानहुँ जीऊ। गूँजा गुंजि करै 'पिउ पीऊ'॥
तेहि दुख भए परास निपाते। लोहू बूड़ि उठे होइ राते॥
राते बिंब भीजि तेहि लोहू। परवर पाक, फाट हिय गोहूँ॥

विरहवर्णन में भक्तवर सूरदास जी ने भी गोपियों के हृदय के रंग में बाह्य प्रकृति को रँगा है। एक स्थान पर तो गोपियों ने उन-उन पदार्थों को कोसा है, जो उस रंग से कोरे दिखायी पड़े हैं—

मधुबन, तुम कत रहत हरे?
बिरह वियोग स्यामसुंदर के, ठाढ़े क्यों न जरे?
कौन काज ठाढ़े रहे बन में, काहे न उकठि परे?

नागमती का विरहवर्णन हिन्दी साहित्य में एक अद्वितीय वस्तु है। नागमती उपवनों के पेड़ों के नीचे रात-रात भर रोती फिरती है। इस दशा में पशु, पक्षी, पेड़, पल्लव जो कुछ सामने आता है, उसे वह अपना दुखड़ा सुनाती है। यह पुण्यदशा धन्य है, जिसमें ये सब अपने सगे लगने लगते हैं और यह जान पड़ने लगता है कि इन्हें दुःख सुनाने से भी जी हलका होगा। सब जीवों का शिरोमणि मनुष्य और मनुष्यों का अधीश्वर राजा ! उसकी पटरानी, जो कभी बड़े-बड़े राजाओं और सरदारों की बातों की ओर भी ध्यान न देती थी, वह पक्षियों से अपने हृदय की वेदना कह रही है, उनके सामने अपना हृदय खोल रही है। हृदय की इस उदार और व्यापक दशा का कवियों ने केवल प्रेमदशा के भीतर ही वर्णन किया है, यह बात ध्यान देने योग्य है। मारने के लिए शत्रु का पीछा करता हुआ क्रोधातुर मनुष्य पेड़ों और पक्षियों से यह पूछता हुआ कहीं नहीं कहा गया है कि, "भाई ! किधर गया ?" वाल्मीकि, कालिदास आदि से लेकर जायसी, सूर, तुलसी आदि भाषाकवियों तक सबने इस दशा का सन्निवेश विप्रलम्भ (या कहीं-कहीं करुण) में ही किया है। वाल्मीकि के राम सीताहरण होने पर वन-वन पूछते फिरते हैं—

"हे कदम्ब! तुम्हारे फूलों से अधिक प्रतीति रखनेवाली मेरी प्रिया को यदि जानते हो तो बताओ। हे बिल्ववृक्ष ! यदि तुमने उस पीतवस्त्रधारिणी को देखा हो तो बताओ। हे मृग! उस मृगनयनी को तुम जानते हो?"

इसी प्रकार तुलसी के राम भी वन के पशु-पक्षियों से पूछते हैं–

हे खग मृग हे मधुकर सेनी। तुम देखी सीता मृगनैनी ॥

कालिदास का यक्ष भी चेतनाचेतनभेद इसी प्रेमदशा के ही भीतर भूला है। इससे यह सिद्ध है कि कविपरम्परा के बीच यह एक मान्य परिपाटी है कि इस प्रकार की दशा का वर्णन प्रेमदशा के भीतर ही हो।

इस सम्बन्ध में मामूली तौर पर तो इतना ही कहना काफी समझा जाता है कि 'उन्माद' की व्यंजना के लिए इस प्रकार का आचरण दिखाया जाता है। 'उन्माद' ही सही, पर एक खास ढर्रे का है। इसका आविर्भाव प्रेमताप से पिघलकर फैले हुए हृदय में ही होता है। सम्बन्ध का मूल प्रेम है, अतः प्रेमदशा के भीतर ही मनुष्य का हृदय उस सम्बन्ध का आभास पाता है जो पशु, पक्षी, द्रुम, लता आदि के साथ अनादि काल से चला आ रहा है।

नागमती उपवनों में रोती फिरती है। उसके विलाप से घोंसलों में बैठे हुए पक्षियों की नींद हराम हो गयी है–

फिरि फिरि रोय न कोई डोला। आधी रात बिंहगम बोला ॥
तू फिरि फिरि दाहै सब पाँखी। केहि दुख रैनि न लावसि आँखी ॥

और कवियों ने पशु-पक्षियों को सम्बोधन भर करने का उल्लेख करके बात और आगे नहीं बढ़ायी है, जिससे ऊपर से देखनेवालों का ध्यान 'उन्माद' की दशा तक ही रह जाता है। पर जायसी ने जिस प्रकार मनुष्य के हृदय में पशु-पक्षियों से सहानुभूति प्राप्त करने की सम्भावना की है, उसी प्रकार पक्षियों के हृदय में सहानुभूति के संचार की भी। उन्होंने सामान्य हृदयतत्त्व की सृष्टिव्यापिनी भावना द्वारा मनुष्य और पशु-पक्षी सबको एक जीवन-सूत्र में बद्ध देखा है। राम के प्रश्न का खग, मृग और मधुकर कुछ जवाब नहीं देते। राजा पुरूरवा कोकिल, हंस इत्यादि को पुकारता ही फिरता है, पर कोई सहानुभूति प्रकट करता नहीं दिखायी पड़ता (विक्रमोर्वशी, अंक 4) पर नागमती की दशा पर एक पक्षी को दया आती है। वह उसके दुःख का कारण पूछता है। नागमती उस पक्षी से कहती है–

चारिउ चक्र उजारि भए सकसि सँदेसा टेक।
कहौं बिरह दुख आपन बैठि सुनहि दँड एक ॥

इस पर वह पक्षी सन्देश ले जाने को तैयार हो जाता है।

पद्मावती से कहने के लिए नागमती ने जो सन्देशा कहा है, वह अत्यन्त मर्मस्पर्शी है। उसमें मान, गर्व आदि से रहित, सुखभोग की लालसा से अलग, अत्यन्त नम्र, शीतल और विशुद्ध प्रेम की झलक पायी जाती है–

पदमावती सों कहेउ, बिहंगम। कंत लोभाइ रही करि संगम॥
तोहि चैन सुख मिलै सरीरा। मो कहँ दिए दुंद दुख पीरा॥
हमहुँ बिआही सँग ओहि पीऊ। आपुहि पाइ, जानु पर जीऊ॥
मोहि भोग सौं काज न बारी। सौंह दीठि के चाहनहारी॥

मनुष्य के आश्रित, मनुष्य के पाले हुए, पेड़-पौधे किस प्रकार मनुष्य के सुख से सुखी और दुःख से दुःखी दिखायी देते हैं, यह दृश्य बड़े कौशल और बड़ी सहृदयता से जायसी ने दिखाया है। नागमती की विरहदशा में उसके बाग-बगीचों में उदासी बरस रही थी। पेड़-पौधे सब मुरझाये पड़े थे। उनकी सुध कौन लेता? पर राज़ा रत्नसेन के चित्तौड़ लौटते ही–

पलुही नागमती कै बारी। सोने फूल फूलि फुलवारी॥
जावत पंखि रहे सब दहे। सबै पंखि बोले गहगहे॥

जब पेड़-पौधे सूख रहे थे तब पक्षी भी आश्रय न पाकर ताप से झुलस रहे थे। इस प्रकार नागमती की वियोगदशा का विस्तार केवल मनुष्य जाति तक ही नहीं, पशु-पक्षियों और पेड़-पौधों तक दिखायी पड़ता था। कालिदास ने पाले हुए मृग और पौधों के प्रति शकुन्तला का स्नेह दिखाकर इसी व्यापक और विशद भाव की व्यंजना की है।

विप्रलम्भ शृंगार ही पद्मावत में प्रधान है। विरहदशा के वर्णन में जहाँ कवि ने भारतीय पद्धति का अनुसरण किया है, वहाँ कोई अरुचिकारक वीभत्स दृश्य नहीं आया है। कृशता, ताप, वेदना आदि के वर्णन में भी उन्होंने शृंगार के उपयुक्त वस्तु सामने रखी है, केवल उसके स्वरूप में कुछ अन्तर दिखा दिया है। जो पद्मिनी स्वभावतः पद्मिनी के समान विकसित रहा करती थी, वह सूखकर मुरझायी हुई लगती है–

कँवल सूख, पंखुरी बेहरानी। गलि गलि कै मिलि छार हेरानी॥

इस रूप में प्रदर्शित व्यक्ति के प्रति सहानुभूति और दया का पूरा अवसर रहता है। पाठक उसकी दशा व्यंजित करनेवाली वस्तु की ओर कुछ देर दृष्टि गड़ाकर देख सकते हैं। मुरझाया फूल भी फूल ही है। अतीत सौन्दर्य के स्मरण से भाव और उद्दीप्त होता है। पर उसके स्थान पर यदि चीरकर हृदय का खून, नसें और हड्डियाँ आदि दिखायी जायँ तो दया होते हुए भी इन वस्तुओं की ओर दृष्टि जमाते न बनेगा।

विरहदशा के भीतर 'निरवलम्बता' की अनुभूति रह-रहकर विरही को होती है। देखिये, कैसा परिचित और साधारण प्राकृतिक व्यापार सामने रखकर कवि ने इस 'निरवलम्बता' का गोचर प्रत्यक्षीकरण किया है–

आवा पवन बिछोह कर पात परा बेकरार।
परिवर तजा जो चूरि कै लागै केहि के डार॥

'लागै केहि के डार' मुहावरा भी बहुत अच्छा आया है।

'पद्मावत' में यद्यपि हिन्दू जीवन के परिचायक भावों की ही प्रधानता है, बीच-बीच में फारसी साहित्य द्वारा घोषित भावों के भी छींटे कहीं-कहीं मिलते हैं। विदेशीय प्रभाव के कारण वियोग दशा के वर्णन में कहीं-कहीं वीभत्स चित्र सामने आ जाते हैं; जैसे– 'कबाबे सीख' वाला यह भाव–

बिरह सरागन्हि भूँजै माँसू। गिरि गिरि परै रकत कै आँसू॥
कटि कटि माँसु सराग पिरोबा। रकत कै आँसु माँसु सब रोवा॥
खिन एक बार माँसु अस भूँजा। खिनहिं चबाइ सिंह अस गूँजा॥

वियोग में इस प्रकार के वीभत्स दृश्य का समावेश जायसी ने जो किया है वह तो किया ही है, संयोग के प्रसंग में भी वे एक स्थान पर ऐसा ही वीभत्स चित्र सामने लाये हैं। बादल जब अपनी नवागता वधू की ओर से दृष्टि फेर लेता है, तब वह सोचती है कि क्या मेरे कटाक्ष तो उसके हृदय को बेधकर पीठ की ओर नहीं जा निकले हैं। यदि ऐसा है तो तूँबी लगाकर मैं उसे खींच लूँ और जब वह पीड़ा से चौंककर मुझे पकड़े तो गहरे रस से उसे धो डालूँ–

मकु पिउ दिस्टि समानेउ सालू। हुलसा पीठि कढ़ावौं सालू॥
कुच तूँबी अब पीठि गड़ावौं। गहै जो हूकि, गाढ़ रस धोवौं॥

कटाक्ष या नेत्रों को 'अनियारे', 'नुकीले' तक कह देना तो ठीक है, पर ऊहात्मक या वस्तुव्यंजनात्मक पद्धति पर इस कल्पना को और आगे बढ़ाकर शरीर पर सचमुच घाव आदि दिखाने लगना काव्य की सीमा के बाहर जाना है, जैसा कि एक कवि जी ने किया है–

काजर दे नहिं, ए री सुहागिन ! आँगुरी तेरी कटैगी कटाछन।

यदि कटाक्ष से उँगली कटने का डर है, तब तो तरकारी चीरने या फल काटने के लिए छुरी, हँसिया आदि की कोई जरूरत न होनी चाहिए। कटाक्ष मन में चुभते हैं न कि शरीर में प्रत्यक्ष घाव करते हैं।

विरहजन्य कृशता के वर्णन में भी जायसी ने कविप्रथानुसार पूरी अत्युक्ति की है, पर इस अत्युक्ति में भी गम्भीरता बनी हुई है, वह खेलवाड़ या मजाक नहीं होने पायी है। बिहारी की नायिका इतनी क्षीण हो गयी है कि जब साँस खींचती है तब उसके झोंके से चार कदम पीछे हट जाती है और जब साँस निकालती है तब उसके साथ चार कदम आगे बढ़ जाती है। घड़ी के पेण्डुलम की-सी दशा उसकी रहती है। इसी प्रकार उर्दू के एक शायर ने आशिक को जूँ या खटमल का बच्चा बना डाला–

इंतहाए लागरी से जब नजर आया न मैं।
हँस के वो कहने लगे, बिस्तर को झाड़ा चाहिए॥

पर जायसी का यह वर्णन सुन हृदय द्रवीभूत होता है, हँसी नहीं आती–

दहि कोइल भै कंत सनेहा। तोला माँस रहा नहिं देहा।
रकत न रहा बिरह तन जरा। रती रती होइ नैनन्हि ढरा॥

हाड़ भए सब किंगरी नसैं भई सब ताँति।
रोवँ रोवँ तन धुनि उठै कौं बिथा केहि भाँति॥

इसी नागमती के विरहवर्णन के अन्तर्गत वह प्रसिद्ध बारहमासा है जिसमें वेदना का अत्यन्त निर्मल और कोमल स्वरूप, हिन्दू दाम्पत्य जीवन का अत्यन्त मर्मस्पर्शी माधुर्य अपने चारों ओर की प्राकृतिक वस्तुओं और व्यापारों के साथ विशुद्ध भारतीय हृदय की साहचर्य भावना तथा विषय के अनुसार भाषा का अत्यन्त स्निग्ध, सरल, मृदुल और अकृत्रिम प्रवाह देखने योग्य है। पर इनं कुछ विशेषताओं की ओर ध्यान जाने पर भी इसके सौन्दर्य्य का बहुत-कुछ हेतु अनिर्वचनीय रह जाता है। इस बारहमासे में वर्ष के बारह महीनों का वर्णन विप्रलम्भ शृंगार के उद्दीपन की दृष्टि से है; जिसमें आनन्दप्रद वस्तुओं का दुःखप्रद होना दिखाया जाता है, जैसा कि मण्डन कवि ने कहा है–

जेइ जेइ सुखद, दुखद अब तेइ तेइ कवि मंडन बिछुरत जदुपत्ती।

प्रेम में सुख और दुःख दोनों की अनुभूति की मात्रा जिस प्रकार बढ़ जाती है उसी प्रकार अनुभूति के विषयों का विस्तार भी। संयोग की अवस्था में जो प्रेम सृष्टि की सब वस्तुओं से आनन्द का संग्रह करता है वही वियोग की दशा में सब वस्तुओं से दुःख का संग्रह करने लगता है। इसी दुःखद रूप में प्रत्येक मास की उन सामान्य प्राकृतिक वस्तुओं और व्यापारों का वर्णन जायसी ने किया है जिनके साहचर्य का अनुभव मनुष्यमात्र–राजा से लेकर रंक तक–करते हैं। अतः इस बारहमासे में मुख्यतः दो बातें देखने की हैं–

(1) प्राकृतिक वस्तुओं और व्यापारों का दिग्दर्शन।
(2) दुःख के नाना रूपों और कारणों की उद्भावना।

प्रथम के सम्बन्ध में यह जान लेना चाहिए कि प्राचीन संस्कृत कवियों का-सा संश्लिष्ट विशद चित्रण उद्दीपन की दृष्टि से किये हुए ऋतुवर्णन में नहीं हुआ करता, केवल वस्तुओं और व्यापारों की अलग-अलग झलक भर दिखाकर प्रेमी के हृदय की अवस्था की व्यंजना हुआ करती है। परिचित प्राकृतिक दृश्यों को साहचर्य द्वारा और कवियों की वाणी द्वारा जो मर्मस्पर्शी प्रभाव प्राप्त है, उसका अनुभव उनकी ओर संकेत करने मात्र से भी सहृदयों को हो जाता है। इस प्रकार बहुत ही सुन्दर संकेत–बहुत ही मनोहर झलक–ऐसे बारहमासे में हम पाते हैं। कुछ उदाहरण लीजिये–

चढ़ा असाढ़, गगन घन गाजा। साजा बिरह दुंद दल बाजा॥
धूम स्याम धौरे घन धाए। सेत धजा बग पाँति देखाए॥
खड़क बीज चमकै चहुँ ओरा। बुंद बान बरिसहिं चहुँ ओरा॥
बाट असूझ अथाह गँभीरी। जिउ बाउर, भा फिरै भँभीरी॥

जग जल बूड़ जहाँ लगि ताकी। मोर नाव खेवक बिनु थाकी ॥
जेठ जरै जग चलै लुवारा। उठिहिं बवंडर परहिं अँगारा ॥
उठै आगि औ आवै आँधी। नैन न सूझ मरौं दुख बाँधी ॥

अपनी भावुकता का बड़ा भारी परिचय जायसी ने इस बात में दिया है कि रानी नागमती विरहदशा में अपना रानीपन बिलकुल भूल जाती है और अपने को केवल साधारण स्त्री के रूप में देखती है। इसी सामान्य स्वाभाविक वृत्ति के बल पर उसके विरहवाक्य छोटे-बड़े सबके हृदय को समान रूप में स्पर्श करते हैं। यदि कनक-पर्यंक, मखमली सेज, रत्नजटित अलंकार, संगमरमर के महल, खसखाने इत्यादि की बातें होतीं तो वे जनता के एक बड़े भाग के अनुभव से कुछ दूर की होतीं। जायसी ने स्त्री जाति की या कम-से-कम हिन्दू शृहिणी मात्र की सामान्य स्थिति के भीतर विप्रजम्भ शृंगार के अत्यन्त समुज्ज्वल रूप का विकास दिखाया है। देखिये, चौमासे में स्वामी के न रहने से घर की जो दशा होती है वह किस प्रकार गृहिणी के विरह का उद्दीपन करती है–

पुष्य नखत सिर ऊपर आवा। हौं बिनु नाह मँदिर को छावा ?

इसी प्रकार शरीर का रूपक देकर बरसात आने पर साधारण गृहस्थों की चिन्ता और आयोजना की झलक दिखायी गयी है–

तपै लागि अब जेठ असाढ़ी। मोहि पिउ बिन छाजनि भइ गाढ़ी ॥
तन तिनउवर भा झूरौं खरी। भइ बरखा आगरि सिर परी ॥
बंध नाहिं औ कंध न कोई। बात न आव कहौं केहि रोई ॥
साँठि नाँठि जग बात को पूछा। बिनु जिउ फिरै मूँज तन छूछा ॥
भई दुहेली टेक बिहूनी। थाँभ नाहि उठि सकै न थूनी ॥
बरसै मेरु नैन चुअहिं घरमाहा। छपर छपर छोइ रहि बिनु नाहा ॥
कोरौ कहाँ ठाट नव साजा। म बिनु कंत न छाजनि छाजा ॥

यह आशिक-माशूकों का निर्लज्ज प्रलाप नहीं है; यह हिन्दू गृहिणी की विरह-वाणी है। इसका सात्त्विक मर्यादापूर्ण माधुर्य परम मनोहर है।

यद्यपि इस बारहमासे में प्राकृतिक वस्तुओं और व्यापारों की भी रूढ़ि के अनुसार अलग-अलग झलक भर दिखायी गयी है, उनका संश्लिष्ट चित्रण नहीं है, पर एकाध जगह कवि का अपना निरीक्षण बहुत सूक्ष्म और सुन्दर है जिसका उल्लेख वस्तुवर्णन के अन्तर्गत किया जायेगा।

अब दुःख के नाना रूपों और कारणों की उद्‍भावना लीजिये। जायसी के विरहोद्‍गार अत्यन्त मर्मस्पर्शी हैं। जायसी को हम विप्रलम्भ शृंगार का प्रधान कवि कह सकते हैं। जो वेदना, जो कोमलता, जो सरलता और जो गम्भीरता इनके वचनों में है, वह अन्यत्र दुर्लभ है। नागमती सब जीव-जन्तुओं और पशु-पक्षियों में सहानुभूति की भावना करती हुई कहती है–

पिउ सों कहेउ सँदेसड़ा, हे भौंरा ! हे काग !
सो धनि बिरहै जरि मुई, तेहि क धुवाँ हम्ह लाग ॥

इस सहानुभूति की सम्भावना रानी के हृदय में होती कैसे है ? यह समझकर होती है कि भौंरा और कौवा दोनों उसी विरहाग्नि के धुएँ से काले हो गये हैं जिसमें मैं जल रही हूँ। सब दुःखभोगियों में परस्पर सहानुभूति का उदय अत्यन्त स्वाभाविक है। 'सँदेसड़ा' शब्द में स्वार्थ 'ड़ा' का प्रयोग भी बहुत उपयुक्त है। ऐसा शब्द उस दशा में मुँह से निकलता है जब हृदय प्रेम, माधुर्य, अल्पता, तुच्छता आदि में से कोई भाव लिये हुए होता है, 'हे भौंरा।' 'हे काग!' से एक-एक को अलग-अलग सम्बोधन करना सूचित होता है। आवेग की दशा में यही उचित है। 'हे भौंरा औ काग' कहने में यह बात न होती।

दुःख और आह्लाद की दशा में एक बड़ा भारी भेद है। जब हृदय दुःख में मग्न रहता है तब सुखद और दुःखद दोनों प्रकार की वस्तुओं से दुःख का संग्रह करता है। पर आनन्द की दशा का पोषण केवल सामान्य या आनन्ददायक वस्तुओं से ही होता है, दुःखप्रद वस्तुओं से नहीं। विरहदशा दुःखदशा है। इसमें कष्टकारक वस्तुएँ तो और भी कष्टदायक हो जाती हैं, जैसे–

(क) *काँपै हिया जनावै सीऊ। तौ पै जाइ होइ सँग पीऊ ॥*
पहल पहल तन रूई झाँपै। हहरि हहरि अधिकौ हिय काँपै ॥

(ख) *चारिहु पवन झकोरै आगी। लंका दाहि पलंका लागी ॥*
उठै आगि औ आवै आँधी। नैन न सूझ, मरौं दुख बाँधी ॥

सुखदायक वस्तुएँ भी दुःख को बढ़ाती हैं, जैसे–

कातिक सरद चंद उजियारी। जग सीतल हौं बिरहै जारी ॥
चौदह करा चाँद परगासा। जनहुँ जरै सब धरति अकासा ॥
तन मन सेज करै अगिदाहू। सब कहँ चंद भएहु मोहिं राहू ॥

कहीं संयोगसुख या आनन्दोत्सव देखकर अपने पक्ष में उसके अभाव की भावना से विरह की आग और भी भड़कती है–

(क) *अबहूँ निठूर आउ एहि बारा। परब देवारी होइ संसारा ॥*
सखि झूमुक गावै अंग मोरी। हौं झुरावँ, बिछुरी मोरि जोरी ॥

(ख) *करहिं बनसपति हिये हुलासू। मो कहँ भा जग दून उदासू ॥*
फागु करहिं सब चाँचरि जोरी। मोहि तन लाइ दीन्ह जस होरी ॥

नागमती देखती है कि बहुतों के बिछुड़े हुए प्रिय मित्र आ रहे हैं पर मेरे प्रिय नहीं आ रहे हैं। इस वैषम्य की भावना उसे और भी व्याकुल करती है। किसी वस्तु के अभाव से दुःखी मनुष्य के हृदय की यह अत्यन्त स्वाभाविक वृत्ति है। पपीहे का प्रिय पयोधर आ गया, सीप के मुँह में स्वाति की बूँद पड़ गयी, पर नागमती का प्रिय न आया–

चित्रा मित्र मीन कर आवा। पपिहा पीउ पुकारत पावा ॥
स्वाति बूँद चातक मुख परे। समुद सीप मोती सब भरे ॥
सरवर सँवरि हंस चलि आए। सारस कुरलहिं खँजन देखाए ॥

विरह का दुःख ऐसा नहीं है कि चारों ओर जो वस्तुएँ दिखायी पड़ती हैं उनसे कुछ जी बहले। उनसे तो और भी अपनी दशा की ओर विरही का ध्यान जाता है, और उस दशा का दुःसह स्वरूप स्पष्ट होता है—चाहे वे उसकी दुःख-दशा से भिन्न दशा में दिखायी पड़ें, चाहे कुछ सादृश्य लिये हुए। भिन्न भाव में दिखायी पड़नेवाली वस्तुओं के नमूने तो ऊपर के उदाहरणों में आ गये हैं। अब भिन्न-भिन्न ऋतुओं की नाना वस्तुओं और व्यापारों को विरही लोग किस प्रकार सादृश्यभावना द्वारा अपनी दशा की व्यंजना का सुलभ साधन बनाया करते हैं, यह भी देखिये—

बरसै मघा झकोरि झकोरी। मोर दुइ नैन चुवैं जसि ओरी॥
पुरवा लाग भूमि जल पूरी। आक जवास भई तस झूरी॥
सखिन्ह रचा पिउ संग हिंडोला। हरियर भूमि, कुसुंभी चोला॥
हिय हिंडोल जस डोलै मोरा। बिरह झुलावै देइ झकझोरा॥
तन जस पियर पात भा मोरा। तेहि पर बिरह देह झकझोरा॥

विरहिणी की इस सादृश्य भावना का वर्णन कवि-परम्परा-सिद्ध है। सूरदास का 'निसि दिन बरसत नैन हमारे' यह पद प्रसिद्ध है। और कवियों ने भी ऋतुसुलभ वस्तुओं और व्यापारों के साथ विरहिणी के तन और मन की दशा का सादृश्यवर्णन किया है। यह सादृश्यकथन अत्यन्त स्वाभाविक होता है, क्योंकि इसमें उपमान ऊहा द्वारा सोचकर निकाला हुआ नहीं होता बल्कि सामने प्रस्तुत रहता है, और प्रस्तुत रहकर उपमेय की ओर ध्यान ले जाता है। वैशाख में विरहिणी एक ओर सूखते तालों की दरारों को देखती है, दूसरी ओर विदीर्ण होते हुए अपने हृदय को। बरसात में वह एक ओर तो टपकती हुई ओलती देखती है, दूसरी ओर अपने आँसुओं की धारा। एक ओर सूखे हुए 'आक जवास' को देखती है, दूसरी ओर अपने शरीर को। शिशिर में एक ओर सूखकर झड़े हुए पीले पत्तों को देखती है, दूसरी ओर अपनी पीली पड़ी देह को। अतः उक्त उपमाएँ 'दूर की सूझ' नहीं हैं। उनमें सादृश्य बहुत सोचा-विचारा हुआ नहीं है, उसका उदय विरहविह्वल अन्तःकरण में बिना प्रयास हुआ है। दो उपस्थित वस्तुओं में सादृश्य की ऐसी स्वाभाविक भावना संस्कृत कवियों ने बहुत अच्छी की है। कालिदास का यह श्लोक ही लीजिये—

स पाटलायां गवि तस्थिवासं धनुर्धरः केसरिणं ददर्श।
अधित्यकायामिव धातुमय्यां लोध्रद्रुमं सानुमतः प्रफुल्लम्॥ (रघु. 2-29)

इस बारहमासे में हृदय के वेग की व्यंजना अत्यन्त स्वाभाविक रीति से होने पर भी भाव अत्यन्त उत्कर्ष दशा को पहुँचे हुए दिखाये गये हैं। देखिये, अभिलाष का यहाँ कैसा उत्कर्ष है—

राति दिवस बस यह जिउ मोरे। लगौं निहोर कंत अब तोरे॥
यह तन जारौं छार कै कहौं कि 'पवन! उड़ाव'॥
मकु तेहि मारग उड़ि परै, कंत धरै जहँ पाव॥

जायसी का रहस्यवाद—सूफियों के अद्वैतवाद पर विचार करने से यह स्पष्ट हो जाता है कि किस प्रकार आर्य जाति (भारतीय और यूनानी) के तत्त्वचिन्तकों द्वारा प्रतिपादित इस सिद्धान्त को सामी पैगम्बरी मतों में रहस्यभावना के भीतर स्थान मिला। उक्त मतों (यहूदी, ईसाई, इस्लाम) के बीच तत्त्वचिन्तन की पद्धति या ज्ञानकाण्ड का स्थान न होने के कारण—मनुष्य की स्वाभाविक बुद्धि या अक्ल का दखल न होने के कारण—अद्वैतवाद का ग्रहण रहस्यवाद के रूप में ही हो सकता था। इस रूप में पड़कर यह धार्मिक विश्वास में बाधक नहीं समझा गया। भारतवर्ष में तो यह ज्ञानक्षेत्र से निकला और अधिकतर ज्ञानक्षेत्र में ही रहा; पर अरब, फारस आदि में जाकर यह भावक्षेत्र के बीच मनोहर रहस्यभावना के रूप में फैला।

यूरोप में भी प्राचीन यूनानी दार्शनिकों द्वारा प्रतिष्ठित अद्वैतवाद ईसाई मजहब के भीतर रहस्यभावना के ही रूप में लिया गया। रहस्योन्मुख सूफियों और पुराने कैथोलिक ईसाई भक्तों की साधना समान रूप से माधुर्य भाव की ओर प्रवृत्त रही। जिस प्रकार सूफी ईश्वर की भावना प्रियतम के रूप में करते थे उसी प्रकार स्पेन, इटली आदि यूरोपीय प्रदेशों के भक्त भी। जिस प्रकार सूफी 'हाल' की दशा में उस माशूक से भीतर-ही-भीतर मिला करते थे, उसी प्रकार पुराने ईसाई भक्त साधक भी दुलहनें बनकर उस दूल्हे से मिलने के लिए अपने अन्तर्देश में कई खण्डों के रंगमहल तैयार किया करते थे। ईश्वर की पति रूप में उपासना करनेवाली सैफो, सेण्ट टेरेसा आदि कई भक्तिनें भी यूरोप में हुई हैं।

अद्वैतवाद के दो पक्ष हैं—आत्मा और परमात्मा की एकता तथा ब्रह्म और जगत् की एकता। दोनों मिलकर सर्ववाद की प्रतिष्ठा करते हैं—सर्वं खल्विदं ब्रह्म। यद्यपि साधना के क्षेत्र में सूफियों और पुराने ईसाई भक्तों—दोनों की दृष्टि प्रथम पक्ष पर ही दिखायी देती है पर भावक्षेत्र में जाकर सूफी प्रकृति की नाना विभूतियों में भी उसकी छवि का अनुभव करते आये हैं।

ईसा की 19वीं शताब्दी में रहस्यात्मक कविता का जो पुनरुत्थान यूरोप के कई प्रदेशों में हुआ उसमें सर्ववाद (पैनथेइज्म) का—ब्रह्म और जगत् की एकता का—भी बहुत- कुछ आभास रहा। वहाँ इसकी ओर प्रवृत्ति-स्वातन्त्र्य और लोकसत्तात्मक भावों के प्रचार के साथ-ही-साथ दिखायी पड़ने लगी। स्वातन्त्र्य के बड़े भारी उपासक अँगरेज कवि शेली में इस प्रकार के सर्ववाद की झलक पायी जाती है। आयरलैण्ड में स्वतन्त्रता की भीषण पुकार के बीच ईट्स की रहस्यमयी कविवाणी भी सुनायी देती रही है। ठीक समय पर पहुँचकर हमारे यहाँ के कवीन्द्र रवीन्द्र भी वहाँ के सुर-में-सुर मिला आये थे। पश्चिम के समालोचकों की समझ में वहाँ के इस काव्यगत सर्ववाद का सम्बन्ध लोकसत्तात्मक भावों के साथ है। इन भावों के प्रचार के साथ ही स्थूल गोचर पदार्थों के स्थान पर सूक्ष्म अगोचर भावना (ऐब्स्ट्रैक्शन्स) की प्रवृत्ति हुई और वही

काव्यक्षेत्र में जाकर भड़कीली और अस्फुट भावनाओं तथा चित्रों के विधान के रूप में प्रकट हुई।[1]

अद्वैतवाद मूल में एक दार्शनिक सिद्धान्त है, कविकल्पना या भावना नहीं है। वह मनुष्य के बुद्धिप्रयास या तत्त्वचिन्तन का फल है। यह ज्ञानक्षेत्र की वस्तु है। जब उसका आधार लेकर कल्पना या भावना उठ खड़ी होती है अर्थात् जब उसका संचार भावक्षेत्र में होता है, तब उच्चकोटि के भावात्मक रहस्यवाद की प्रतिष्ठा होती है। रहस्यवाद दो प्रकार का होता है—भावात्मक और साधनात्मक। हमारे यहाँ का योगमार्ग साधनात्मक रहस्यवाद है। यह अनेक अप्राकृतिक और जटिल अभ्यासों द्वारा मन को अव्यक्त तथ्यों को साक्षात्कार कराने तथा साधक को अनेक अलौकिक सिद्धियाँ प्राप्त कराने की आशा देता है। तन्त्र और रसायन भी साधनात्मक रहस्यवाद हैं, पर निम्नकोटि के। भावात्मक रहस्यवाद की भी कई श्रेणियाँ हैं जैसे, भूत-प्रेत की सत्ता मानकर चलनेवाली भावना स्थूल रहस्यवाद के अन्तर्गत होगी। अद्वैतवाद या ब्रह्मवाद को लेकर चलनेवाली भावना से सूक्ष्म और उच्चकोटि के रहस्यवाद की प्रतिष्ठा होती है। तात्पर्य यह कि रहस्यभावना किसी विश्वास के आधार पर चलती है, विश्वास करने के लिए कोई नया तथ्य या सिद्धान्त नहीं उपस्थित कर सकती। किसी नवीन ज्ञान का उदय उसके द्वारा नहीं हो सकता। जिस कोटि का ज्ञान या विश्वास होगा उसी कोटि की उसमें अद्‌भुत रहस्यभावना होगी।

अद्वैतवाद का प्रतिपादन सबसे पहले उपनिषदों में मिलता है। उपनिषद् भारतीय ज्ञानकाण्ड के मूल हैं। प्राचीन ऋषि तत्त्वचिन्तन द्वारा ही अद्वैतवाद के सिद्धान्त पर पहुँचे थे। उनमें इस ज्ञान का उदय बुद्धि की स्वाभाविक क्रिया द्वारा हुआ था, प्रेमोन्माद या बेहोशी की दशा में सहसा एक दिव्य आभास या इलहाम के रूप में नहीं। विविध धर्मों का इतिहास लिखनेवाले कुछ पाश्चात्य लेखकों ने उपनिषदों के ज्ञान को जो रहस्यवाद की कोटि में रखा है, वह उनका भ्रम या दृष्टिसंकोच है। बात यह है कि उस प्राचीनकाल में दार्शनिक विवेचन को व्यक्त करने की व्यवस्थित शैली नहीं निकली थी। जगत् और उसके मूल कारण का चिन्तन करते-करते जिस तथ्य तक वे पहुँचते थे उसकी व्यंजना अनेक प्रकार से करते थे। जैसे आजकल किसी गम्भीर विचारात्मक लेख के भीतर कोई मार्मिक स्थल आ जाने पर लेखक की मनोवृत्ति भावोन्मुख हो जाती है और वह काव्य की भावात्मक शैली का अवलम्बन करता है उसी प्रकार उन प्राचीन ऋषियों को भी विचार करते-करते गम्भीर मार्मिक तथ्य पर पहुँचने पर कभी-कभी भावोन्मेष हो जाता था और वे अपनी उक्ति का प्रकाश रहस्यात्मक और अनूठे ढंग से कर देते थे।

1. द पैशन फॉर इण्टेलेक्चुअल ऐब्स्ट्रैक्शन्स, ह्वेन ट्रान्सफर्ड टु द लिटरेचर ऑव इमैजिनेशन, बिकम्स ए पैशन फॉर ह्वाट इज ग्रैण्डियोज ऐण्ड वेग इन सेण्टीमेण्ट ऐण्ड इन इमैजरी।...द ग्रेट लॉरियेट ऑव यूरोपियन डिमोक्रेसी, विक्टर ह्यूगो, एग्जिबिट्स, ऐटवन्स द डिमोक्रैटिक लव ऑव ऐब्स्ट्रैक्ट आइडियाज, द डिमोक्रैटिक डिलाइट इन ह्वाट इज ग्रैण्डियोज (ऐज वेल ऐज ह्वाट इज ग्रैण्ड) इन सेण्टीमेण्ट, ऐण्ड द डिमोक्रैटिक टेण्डेन्सी टुवर्ड्स ए पोएटिकल पैनथेइज़्म।—डाउडेन्स 'न्यू स्टडीज़ इन लिटरेचर' (इण्ट्रोडक्शन)

गीता के दसवें अध्याय में सर्ववाद का भावात्मक प्रणाली पर निरूपण है। वहाँ भगवान् ने अपनी विभूतियों का जो वर्णन किया है वह अत्यन्त रहस्यपूर्ण है। सर्ववाद को लेकर जब भक्त की मनोवृत्ति रहस्योन्मुख होगी तब वह अपने को जगत् के नाना रूपों के सहारे उस परोक्ष सत्ता की ओर ले जाता हुआ जान पड़ेगा। वह खिले हुए फूलों में, शिशु के स्मित आनन में, सुन्दर मेघमाला में, निखरे हुए चन्द्रबिम्ब में उसके सौन्दर्य का, गम्भीर मेघगर्जन में, बिजली की कड़क में, वज्रपात में, भूकम्प आदि प्राकृतिक विप्लवों में उसकी रौद्र मूर्ति का, संसार के असामान्य वीरों, परोपकारियों और त्यागियों में उसकी शक्ति, शील आदि का साक्षात्कार करता है। इस प्रकार अवतारवाद का मूल भी रहस्यभावना ही ठहरती है।

पर अवतारवाद के सिद्धान्त रूप में गृहीत हो जाने पर, राम और कृष्ण के व्यक्त ईश्वर विष्णु के अवतार स्थिर हो जाने पर, रहस्यदशा की एक प्रकार से समाप्ति हो गयी। फिर राम और कृष्ण का ईश्वर के रूप में ग्रहण व्यक्तिगत रहस्यभावना के रूप में नहीं रह गया। वह समस्त जनसमाज के धार्मिक विश्वास का एक अंग हो गया। इस व्यक्त जगत् के बीच प्रकाशित राम कृष्ण की नरलीला भक्तों के भावोद्रेक का विषय हुई। अतः रामकृष्णोपासकों की भक्ति रहस्यवाद की कोटि में नहीं आ सकती।

यद्यपि समष्टि रूप में वैष्णवों की सगुणोपासना रहस्यवाद के अन्तर्गत नहीं कही जा सकती, पर श्रीमद्भागवत के उपरान्त कृष्णभक्ति का जो रूप प्राप्त हुआ उसमें रहस्यभावना की गुंजाइश हुई। भक्तों की दृष्टि से जब धीरे-धीरे श्रीकृष्ण का लोकसंग्रही रूप हटने लगा और वे प्रेममूर्तिमात्र रह गये तब उनकी भावना ऐकान्तिक हो चली। भक्त लोग भगवान् को अधिकतर अपने सम्बन्ध से देखने लगे, जगत् के सम्बन्ध से नहीं। गोपियों का प्रेम जिस प्रकार एकान्त और रूपमाधुर्यमात्र पर आश्रित था, उसी प्रकार भक्तों का भी हो चला। यहाँ तक कि कुछ स्त्री भक्तों में भगवान् के प्रति उसी रूप का प्रेमभाव स्थान पाने लगा जिस रूप का गोपियों का कहा गया था। उन्होंने भगवान् की भावना प्रियतम के रूप में की। बड़े-बड़े मन्दिरों में देवदासियों की जो प्रथा थी उससे इस 'माधुर्यभाव' को और भी सहारा मिला। माता-पिता कुमारी लड़कियों को मन्दिर में दान कर आते थे, जहाँ उनका विवाह देवता के साथ हो जाता था। अतः उनके लिए उस देवता की भक्ति पतिरूप में ही विधेय थी। इन देवदासियों में से कुछ उच्चकोटि की भक्तिनें भी निकल आती थीं। दक्षिण में अन्दाल इसी प्रकार की भक्तिन थी, जिसका जन्म विक्रम संवत् 773 के आसपास हुआ था। वह बहुत छोटी अवस्था में किसी साधु को एक पेड़ के नीचे मिली थी। वह साधु भगवान् का स्वप्न पाकर, इसे विवाह के वस्त्र पहनाकर, श्रीरंग जी के मन्दिर में छोड़ आया था।

अन्दाल के पद द्रविड़ भाषा में **'तिरुप्पावइ'** नामक पुस्तक में अब तक मिलते हैं। अन्दाल एक स्थान पर कहती है–"अब मैं पूर्ण यौवन को प्राप्त हूँ और स्वामी कृष्ण के अतिरिक्त और किसी को अपना पति नहीं बना सकती।" पति या प्रियतम के रूप

में भगवान् की भावना को वैष्णव भक्तिमार्ग में 'माधुर्य भाव' कहते हैं। इस भाव की उपासना में रहस्य का समावेश अनिवार्य और स्वाभाविक है। भारतीय भक्ति का सामान्य स्वरूप रहस्यात्मक न होने के कारण इस 'माधुर्य भाव' का अधिक प्रचार नहीं हुआ। आगे चलकर मुसलमानी जमाने में सूफियों की देखादेखी इस भाव की ओर कृष्णभक्ति शाखा के कुछ भक्त प्रवृत्त हुए। इनमें मुख्य मीराँबाई हुईं, जो 'लोकलाज खोकर' अपने प्रियतम श्रीकृष्ण के प्रेम में मतवाली रहा करती थीं। उन्होंने एक बार कहा था कि, ''कृष्ण को छोड़ और पुरुष है कौन ? सारे जीव स्त्रीरूप हैं।''

सूफियों का असर कुछ और कृष्णभक्तों पर भी पूरा-पूरा पाया जाता है। चैतन्य महाप्रभु में सूफियों की प्रवृत्तियाँ साफ झलकती हैं। जैसे सूफी कव्वाल गाते-गाते हाल की दशा में हो जाते हैं वैसे ही चैतन्य महाप्रभु जी की मण्डली भी नाचते-नाचते मूर्च्छित हो जाती थी। यह मूर्च्छा रहस्यवादी सूफियों की रूढ़ि है। इसी प्रकार मद, प्याला, उन्माद तथा प्रियतम ईश्वर के विरह की दूरारूढ़ व्यंजना भी सूफियों की बँधी हुई परम्परा है। इस परम्परा का अनुसरण भी कुछ पिछले कृष्णभक्तों ने किया। नागरीदास जी इश्क का प्याला पीकर बराबर झूमा करते थे। कृष्ण की मधुर मूर्ति ने कुछ आजाद सूफी फकीरों को भी आकर्षित किया। नजीर अकबराबादी ने खड़ीबोली के अपने बहुत-से पद्यों में श्रीकृष्ण का स्मरण प्रेमालम्बन के रूप में किया है।

निर्गुण शाखा के कबीर, दादू आदि सन्तों की परम्परा में ज्ञान का जो थोड़ा-बहुत अवयव है वह भारतीय वेदान्त का है—पर प्रेमतत्त्व बिलकुल सूफियों का है। इनमें से दादू, दरिया साहब आदि तो खालिस सूफी ही जान पड़ते हैं। कबीर में 'माधुर्य भाव' जगह-जगह पाया जाता है। वे कहते हैं—

हरि मोर पिय, मैं राम की बहुरिया।

'राम की बहुरिया' कभी तो प्रिय से मिलने की उत्कण्ठा और मार्ग की कठिनता प्रकट करती है, जैसे—

मिलना कठिन है, कैसे मिलौंगी पिय जाय।
समुझि सोचि पग धरौं जतन से, बार बार डगि जाय।
ऊँची गैर राह रपटीली, पाँव नहीं ठहराय।

और कभी विरहदुःख निवेदन करती है।

पहले कहा जा चुका है कि भारतवर्ष में साधनात्मक रहस्यवाद ही हठयोग, तन्त्र और रसायन के रूप में प्रचलित था। जिस समय सूफी यहाँ आये उस समय उन्हें रहस्य की प्रवृत्ति हठयोगियों, रसायनियों और तान्त्रिकों में ही दिखायी पड़ी। हठयोग की तो अधिकांश बातों का समावेश उन्होंने अपनी साधनापद्धति में कर लिया। पीछे कबीर ने भारतीय ब्रह्मवाद और सूफियों की प्रेमभावना को मिलाकर जो 'निर्गुण सन्त मत' खड़ा किया, उसमें भी 'इला, पिंगला, सुषुम्ना नारी' तथा भीतरी चक्रों की पूरी चर्चा रही। हठयोगियों तथा नाथपन्थियों की दो मुख्य बातें सूफियों और निर्गुण मतवाले सन्तों को

अपने अनुकूल दिखायी पड़ी–(1) रहस्य की प्रवृत्ति, (2) ईश्वर को केवल मन के भीतर समझना और ढूँढ़ना।

कहने की आवश्यकता नहीं कि ये दोनों बातें भारतीय भक्तिमार्ग से पूरा मेल खानेवाली नहीं थीं। अवतारवाद के सिद्धान्त रूप से प्रतिष्ठित हो जाने के कारण भारतीय परम्परा का भक्त अपने उपास्य को बाहर लोक के बीच प्रतिष्ठित करके देखता है, अपने हृदय के एकान्त कोने में ही नहीं। पर फारस में भावात्मक अद्वैती रहस्यवाद खूब फैला। वहाँ की शायरी पर इसका रंग बहुत गहरा चढ़ा। खलीफा लोगों के कठोर धर्मशासन के बीच भी सूफियों की प्रेममयी वाणी ने जनता को भावमग्न कर दिया।

इस्लाम के प्रारम्भिक काल में ही भारत का सिन्ध प्रदेश ऐसे सूफियों का अड्डा रहा जो यहाँ वेदान्तियों और साधकों के सत्संग से अपने मार्ग की पुष्टि करते रहे। अतः मुसलमानों का साम्राज्य स्थापित हो जाने पर हिन्दुओं और मुसलमानों के समागम से दोनों के लिए जो एक 'सामान्य भक्तिमार्ग' आविर्भूत हुआ वह अद्वैती रहस्यवाद को लेकर, जिसमें वेदान्त और सूफी मत दोनों का मेल था। पहले पहल नामदेव ने, फिर रामानन्द के शिष्य कबीर ने जनता के बीच इस 'सामान्य भक्तिमार्ग' की अटपटी वाणी सुनायी। नानक, दादू आदि कई साधक इस नये मार्ग के अनुयायी हुए और 'निर्गुण सन्त मत' चल पड़ा। पर इधर यह निर्गुण भक्तिमार्ग निकला, उधर भारत के प्राचीन 'सगुण मार्ग' ने भी, जो पहले से चला आ रहा था, जोर पकड़ा और रामकृष्ण का भक्ति का स्रोत बड़े वेग से हिन्दू जनता के बीच बहा। दोनों की प्रवृत्ति में बड़ा अन्तर यह दिखायी पड़ा कि एक तो लोकपक्ष से उदासीन होकर केवल व्यक्तिगत साधना का उपदेश देता रहा पर दूसरा अपने प्राचीन स्वरूप के अनुसार लोकपक्ष को लिये रहा। 'निर्गुन बानी' वाले सन्तों के लोकविरोधी स्वरूप को गोस्वामी तुलसीदास जी ने अच्छी तरह पहचाना था।

जैसा कि अभी कहा जा चुका है, रहस्यवाद का स्फुरण सूफियों में पूरा-पूरा हुआ। कबीरदास में जो रहस्यवाद पाया जाता है वह अधिकतर सूफियों के प्रभाव के कारण। पर कबीरदास पर इस्लाम के कट्टर एकेश्वरवाद और वेदान्त के मायावाद का रूखा संस्कार भी पूरा-पूरा था। उनमें वाक्चातुर्य था, प्रतिभा थी, पर प्रकृति के प्रसार में भगवान् की कला का दर्शन करनेवाली भावुकता न थी। इससे रहस्यमयी परोक्ष सत्ता की ओर संकेत करने के लिए जिन दृश्यों को वे सामने करते हैं वे अधिकतर वेदान्त और हठयोग की बातों के खड़े किये हुए रूपकमात्र होते हैं। अतः कबीर में जो कुछ रहस्यवाद है वह सर्वत्र एक भावुक या कवि का रहस्यवाद नहीं है। हिन्दी के कवियों में यदि कहीं रमणीय और सुन्दर अद्वैती रहस्यवाद है तो जायसी में, जिनकी भावुकता बहुत ही उच्चकोटि की है। वे सूफियों की भक्तिभावना के अनुसार कहीं तो परमात्मा को प्रियतम के रूप में देखकर जगत् के नाना रूपों में उस प्रियतम के रूपमाधुर्य की छाया देखते हैं और कहीं सारे प्राकृतिक रूपों और व्यापारों का 'पुरुष' के समागम के

हेतु प्रकृति के शृंगार, उत्कण्ठा या विरहविकलता के रूप में अनुभव करते हैं। दूसरे प्रकार की भावना पद्मावत में अधिक मिलती है।

आरम्भ में कह आये हैं कि 'पद्मावत' के ढंग के रहस्यवादपूर्ण प्रबन्धों की परम्परा जायसी से पहले की है। मृगावती, मधुमालती आदि की रचना जायसी के पहले हो चुकी थी और उनके पीछे भी ऐसी रचनाओं की परम्परा चली। सबमें रहस्यवाद मौजूद है। अतः हिन्दी के पुराने साहित्य में 'रहस्यवादी कविसम्प्रदाय' यदि कोई कहा जा सकता है तो इन कहानी कहनेवाले मुसलमान कवियों का ही।

जायसी कवि थे और भारतवर्ष के कवि थे। भारतीय पद्धति के कवियों की दृष्टि फारसवालों की अपेक्षा प्राकृतिक वस्तुओं और व्यापारों पर कहीं अधिक विस्तृत तथा उनके मर्मस्पर्शी स्वरूपों को कहीं अधिक परखनेवाली होती है। इससे उस रहस्यमयी सत्ता का आभास देने के लिए जायसी बहुत ही रमणीय और मर्मस्पर्शी दृश्यसंकेत उपस्थित करने में समर्थ हुए हैं। कबीर के चित्रों (इमेजरी) में न वह अनेकरूपता है, न वह मधुरता। देखिये, उस परोक्ष ज्योति और सौन्दर्यसत्ता की ओर कैसी लौकिक दीप्ति और सौन्दर्य के द्वारा जायसी संकेत करते हैं—

बहुतै जोति जोति ओहि भई।
रबि, ससि, नखत दिपहिं ओहि जोती। रतन पदारथ मानिक मोती॥
जहँ जहँ बिहँसि सुभावहिं हँसी। तहँ तहँ छिटकि जोति परगसी॥
नयन जो देखा कँवल भा, निरमल नीर सरीर।
हँसत जो देखा हंस भा, दसन जोति नग हीर॥

प्रकृति के बीच दिखायी देनेवाली सारी दीप्ति उसी से है, इस बात का आभास पद्मावती के प्रति रत्नसेन के ये वाक्य दे रहे हैं—

अनु धनि ! तू निसिअर निसि माहाँ। हौं दिनिअर जेहि कै तू छाहाँ॥
चाँदहि कहाँ जोति औ करा। सुरुज के जोति चाँद निरमरा॥

अँगरेज कवि शेली की पिछली रचनाओं में इस प्रकार के रहस्यवाद की झलक बड़ी सुन्दर दृश्यावली के बीच दिखायी देती है। स्त्रीत्व का आध्यात्मिक आदर्श उपस्थित करनेवाले (एपीसाइकीडियन) में प्रिया की मधुर वाणी प्रकृति के क्षेत्र में कहाँ-कहाँ सुनायी पड़ती है—

इन सालीट्यूड्ज,
हर वायस केम टु मी थ्रू द व्हिस्परिंग वुड्स,
ऐण्ड फ्राम द फाउण्टेन्स, ऐण्ड द ओडर्स डीप
आव फ्लावर्स व्हिच, लाइक लिप्स मरमरिंग इन देयर स्लीप
आव द स्वीट किसेज व्हिच हैड लल्ड देम देयर,
ब्रीद्ड बट आव हर टु द एनैमर्ड एअर;
ऐण्ड फ्राम द ब्रीजेज, व्हेदर लो आर लाउड,
ऐण्ड फ्राम द रेन आव एव्री पासिंग क्लाउड,
ऐण्ड फ्राम द सिंगिंग आव द समर बर्ड्स,
ऐण्ड फ्राम आल साउण्ड्स, आल साइलेन्स।

भावार्थ–निर्जन स्थानों के बीच मर्मर करते हुए काननों में, झरनों में, उन पुष्पों की परागगन्ध में, जो उस दिव्य चुम्बन के सुखस्पर्श से सोये हुए कुछ बर्राते-से मुग्ध पवन को उसका परिचय दे रहे हैं; इसी प्रकार मन्द या तीव्र समीर में, प्रत्येक दौड़ते हुए मेघखण्ड की झड़ी में, वसन्त के विहंगमों के कलकूजन में तथा प्रत्येक ध्वनि में और निस्तब्धता में भी मैं उसी की वाणी सुनता हूँ।

कबीरदास में यह बात नहीं है। उन्हें बाहर जगत् में भगवान् की रूपकला नहीं दिखायी देती। वे सिद्धों और योगियों के अनुकरण पर ईश्वर को केवल अन्तस् में बताते हैं–

मोको कहाँ ढूँढ़ै बंदे मैं तो तेरे पास में।
ना मैं देवल, ना मैं मसजिद, ना काबे कैलास में॥

जायसी भी उसे भीतर बताते हैं–

पिउ हिरदय महँ भेंट न होई। को रे मिलाव, कहौं केहि रोई!

पर, जैसा कि पहले दिखा चुके हैं, वे उसके रूप की छटा प्रकृति के नाना रूपों में भी देखते हैं।

मानस के भीतर उस प्रियतम के सामीप्य से उत्पन्न कैसे अपरिमित आनन्द की, कैसे विश्वव्यापी आनन्द की, व्यंजना जायसी की इन पंक्तियों में है–

देखि मानसर रूप सोहावा। हिय हुलास पुरइनि होइ छावा॥
गा अँधियार, रैनि मसि छूटी। भा भिनसार, किरनि रवि फूटी॥
कँवल बिगस तत बिहसी देहीं। भँवर दसन होइ कै रस लेहीं॥

'देखि' अर्थात् उस अखण्ड ज्योति का आभास पाकर वह मानस (मानसरोवर और हृदय) जगमगा उठा। देखिये न, खिले कमल के रूप में उल्लास मानस में चारों ओर फैला है। उस ज्योति के साक्षात्कार से अज्ञान छूट गया–प्रभात हुआ, पृथ्वी पर से अन्धकार हट गया। आनन्द से चेहरा (देही=बदन=मुँह) खिल उठा, बत्तीसी निकल आयी[1]–कमल खिल उठे और उन पर भौंरे दिखायी दे रहे हैं। अन्तर्जगत् और बाह्यजगत् का कैसा अपूर्व सामंजस्य है, कैसी बिम्ब-प्रतिबिम्ब स्थिति है।

उस प्रियतम के प्रेम से प्रकृति कैसी बिद्ध दिखायी देती है–

उन्ह बानन्ह अस को जो न मारा? बेधि रहा सगरौं संसारा॥
गगन नखत जो जाहिं न गने। वै सब बान ओहि के हने॥
धरती बान बेधि सब राखी। साखी ठाढ़ देहिं सब साखी॥
रोवँ रोवँ मानुस तन ठाढ़े। सूतहि सूत बेध अस गाढ़े॥
बरुनि चाप अस ओपहँ, बेधे रन बन ढाँख।
सौजहि तन सब रोवाँ, पंखिहि तन सब पाँख॥

---

1. एक स्थन पर जायसी ने कहा है–'मसि बिनु दसन नहिं देही।' लखनऊ में मर्द लोग भी मिस्सी से दाँत काले करते हैं। पान के रंग से भी दाँतों पर स्याही चढ़ जाती है।

पृथ्वी और स्वर्ग, जीव और ईश्वर, दोनों एक थे, बीच में न जाने किसने इतना भेद डाल दिया है–

धरती सरग मिले हुत दोऊ। केइ निनार कै दीन्ह बिछोऊ।

जो इस पृथ्वी और स्वर्ग से वियोगत्व को समझेगा और उस वियोग में पूर्ण रूप से सम्मिलित होगा उसी का वियोग सारी सृष्टि में इस प्रकार फैला दिखायी देगा–

सूरुज बूड़ि उठा होइ ताता। औ मजीठ टेसू बन राता॥
भा बसंत, राती बनसपती। औ राते सब जोगी जती॥
भूमि जो भीजि भएउ सब गेरू। औ राते सब पंखि पखेरू॥
राती सती, अगिनि सब काया। गगन मेघ राते तेहि छाया॥

सायं प्रभात न जाने कितने लोग मेघखण्डों को रक्तवर्ण होते देखते हैं पर किस अनुराग से ये लाल हैं, इसे जायसी ऐसे रहस्यदर्शी भावुक ही समझते थे।

प्रकृति के सारे महाभूत उस 'अमरधाम' तक पहुँचने का बराबर प्रयत्न करते रहते हैं पर साधना पूरी हुए बिना पहुँचना असम्भव है–

धाइ जो बाजा कै मन साधा। मारा चक्र भएउ दुइ आधा॥
चाँद सुरुज और नखत तराईं। तेहि डर अँतरिख फिरहिं सबाई॥
पवन जाइ तहँ पहुँचै चहा। मारा तैस लोटि भुइँ रहा॥
अगिनि उठी, जरि बुझि निआना। धुआँ उठा, उठि बीच बिलाना॥
पानि उठा, उठि जाइ न छूआ।[1] बहुरा रोइ, आइ भुइँ चूआ॥

इस अद्वैती रहस्यवाद के अतिरिक्त जायसी कहीं-कहीं उस रहस्यवाद में भी आ फँसे हैं जो पाश्चात्यों की दृष्टि में 'झूठा रहस्यवाद' है। उन्होंने स्थान-स्थान पर हठयोग, रसायन आदि का भी आश्रय लिया है।

---

1. 'उठि जाइ न छूआ' के स्थान पर यदि 'उठि होइगा धूआ' पाठ होता तो भी अच्छा होता।

महाकवि सूरदास

हिन्दुओं के स्वातन्त्र्य के साथ ही वीरगाथाओं की परम्परा भी काल के अँधेरे में जा छिपी। उस हीन दशा के बीच में वे अपने पराक्रम के गीत किस मुँह से गाते और किन कानों से सुनते? जनता पर गहरी उदासी छा गयी थी। राम और रहीम को एक बतानेवाली बानी मुरझाये मन को हरा न कर सकी, क्योंकि उसके भीतर उस कट्टर एकेश्वरवाद का सुर मिला हुआ था, जिसका ध्वंसकारी स्वरूप लोग नित्य अपनी आँखों देख रहे थे। सर्वस्व गँवाकर भी हिन्दू जाति अपनी स्वतन्त्र सत्ता बनाये रखने की वासना नहीं छोड़ सकी थी। इससे उसने अपनी सभ्यता, अपने चिरसंचित संस्कार आदि की रक्षा के लिए राम और कृष्ण का आश्रय लिया; और उनकी भक्ति का स्रोत देश के एक कोने से दूसरे कोने तक फैल गया। जिस प्रकार बंग देश में कृष्ण चैतन्य ने, उसी प्रकार भारत में वल्लभाचार्य जी ने परमभाव का उस आनन्दविधायिनी कला का दर्शन कराकर, जिसे प्रेम कहते हैं, जीवन में सरसता का संचार किया। दिव्य प्रेम-संगीत की धारा में इस लोक का सुखद पक्ष निखर आया और जमती हुई उदासी या खिन्नता बह गयी।

जयदेव की देववाणी की स्निग्ध पीयूष-धारा, जो काल की कठोरता में दब गयी थी, अवकाश पाते ही लोकभाषा की सरलता में परिणत होकर मिथिला की अमराइयों में विद्यापति के कोकिल कण्ठ से प्रकट हुई और आगे चलकर व्रज के करीलकुंजों के बीच फैलकर मुरझाये मनों को सींचने लगी। आचार्यों की छाप लगी हुई आठ वीणाएँ श्रीकृष्ण की प्रेम-लीला का कीर्त्तन करने उठीं, जिनमें सबसे ऊँची, सुरीली और मधुर झनकार अन्धे कवि सूरदास की वीणा की थी। ये भक्त कवि सगुण उपासना का रास्ता साफ करने लगे। निर्गुण उपासना की नीरसता और अग्राह्यता दिखाते हुए ये उपासना का हृदयग्राही स्वरूप सामने लाने में लग गये। इन्होंने भगवान् से प्रेममय रूप ही लिया; इससे हृदय की कोमल वृत्तियों के ही आश्रय और आलम्बन खड़े किये। आगे जो इनके अनुयायी कृष्ण-भक्त हुए, वे भी उन्हीं वृत्तियों में लीन रहे। हृदय की अन्य वृत्तियों (उत्साह आदि) के रंजनकारी रूप भी यदि वे चाहते, तो कृष्ण में ही मिल जाते; पर उनकी ओर वे न बढ़े। भगवान् का यह व्यक्त स्वरूप यद्यपि

एकदेशीय था—केवल प्रेममय था—पर उस समय नैराश्य के कारण जनता के हृदय में जीवन की ओर से एक प्रकार की जो अरुचि-सी उत्पन्न हो रही थी, उसे हटाने में उपयोगी हुआ। मनुष्यता के सौन्दर्यपूर्ण और माधुर्यपूर्ण पक्ष को दिखाकर इन कृष्णोपासक वैष्णव कवियों ने जीवन के प्रति अनुराग जगाया, या कम-से-कम जीने की चाह बनी रहने दी।

बाल्यकाल और यौवनकाल कितने मनोहर हैं, उसके बीच की नाना मनोरम परिस्थितियों के विशद चित्रण द्वारा सूरदास जी ने जीवन की जो रमणीयता सामने रखी, उससे गिरे हुए हृदय नाच उठे। 'वात्सल्य' और 'शृंगार' के क्षेत्रों का जितना अधिक उद्घाटन सूर ने अपनी बन्द आँखों से किया, उतना किसी और कवि ने नहीं। इन क्षेत्रों का कोना-कोना वे झाँक आये। उक्त दोनों रसों के प्रवर्तक रति-भाव के भीतर की जितनी मानसिक वृत्तियों और दशाओं का अनुभव और प्रत्यक्षीकरण सूर कर सके, उतनी का और कोई नहीं। हिन्दी साहित्य में शृंगार का रस-राजत्व यदि किसी ने पूर्ण रूप से दिखाया, तो सूर ने।

उनकी उमड़ती हुई वाग्धारा उदाहरण रचनेवाले कवियों के समान गिनाये हुए संचारियों से बँधकर चलनेवाली न थी। यदि हम सूर के केवल विप्रलम्भ शृंगार को ही लें अथवा 'भ्रमरगीत' को ही देखें, तो न जाने कितने प्रकार की मानसिक दशाएँ ऐसी मिलेंगी, जिनके नामकरण तक नहीं हुए हैं। मैं इसी को कवियों की पहुँच कहता हूँ। यदि हम मनुष्य-जीवन के सम्पूर्ण क्षेत्र को लेते हैं, तो सूरदास जी की दृष्टि परिमित दिखायी पड़ती है। पर यदि उनके चुने हुए क्षेत्रों (शृंगार और वात्सल्य) को लेते हैं, तो उनके भीतर उनकी पहुँच का विस्तार बहुत अधिक पाते हैं। उन क्षेत्रों में इतना अन्तर्दृष्टि विस्तार और किसी कवि का नहीं। बात यह है कि सूर को 'गीतकाव्य' की जो परम्परा (जयदेव और विद्यापति की) मिली, वह शृंगार की ही थी। इसी से सूर के संगीत में भी उसी की प्रधानता रही। दूसरी बात है उपासना का स्वरूप। सूरदास जी वल्लभाचार्य जी के शिष्य थे, जिन्होंने भक्ति मार्ग में भगवान् का प्रेममय स्वरूप प्रतिष्ठित करके उसके आकर्षण द्वारा 'सायुज्य मुक्ति' का मार्ग दिखाया था। भक्ति-साधना के इस चरम लक्ष्य या फल (सायुज्य) की ओर सूर ने कहीं-कहीं संकेत भी किया है, जैसे—

सीत उष्ण सुख दुख नहिं मानै, हानि भए कछु सोच न राचै।
जाय समाय सूर वा निधि में, बहुरि न उलटि जगत में नाचै॥

जिस प्रकार ज्ञान की चरम सीमा ज्ञाता और ज्ञेय की एकता है उसी प्रकार प्रेम-भाव की चरम सीमा आश्रय और आलम्बन की एकता है। अतः भगवद्भक्ति की साधना के लिए इसी प्रेमतत्त्व को वल्लभाचार्य ने सामने रखा और उसके अनुयायी कृष्ण-भक्त कवि इसी को लेकर चले। गोस्वामी तुलसीदास जी की दृष्टि व्यक्तिगत साधना के अतिरिक्त लोकपक्ष पर भी थी; इसी से वे मर्यादा पुरुषोत्तम के चरित्र को लेकर चले और उसमें लोकरक्षा के अनुकूल जीवन की और-और वृत्तियों का भी उन्होंने उत्कर्ष दिखाया और अनुरंजन किया।

उक्त प्रेमतत्त्व की पुष्टि में ही सूर की वाणी मुख्यतः प्रयुक्त जान पड़ती है। रति-भाव के तीन प्रबल और प्रधान रूप—भगवद्विषयक रति, वात्सल्य और दाम्पत्य रति—सूर ने लिये हैं। यद्यपि पिछले दोनों प्रकार के रति-भाव भी कृष्णोन्मुख होने के कारण तत्त्वतः भगवत्प्रेम के अन्तर्भूत ही हैं, पर निरूपण-भेद से और रचना-विभाग की दृष्टि से अलग रखे गये हैं। इस दृष्टि में विभाग करने से विनय के जितने पद हैं, वे भगवद्विषयक रति के अन्तर्गत आयेंगे; बाललीला के पद वात्सल्य के अन्तर्गत और आतुर गोपियों के प्रेम-सम्बन्धी पद दाम्पत्य रति-भाव के अन्तर्गत होंगे। हृदय से निकली हुई प्रेम की इन तीनों प्रबल धाराओं से सूर ने बड़ा भारी सागर भरकर तैयार किया है।

कवि-कर्म-विधान के दो पक्ष होते हैं—विभाव-पक्ष और भाव-पक्ष। कवि एक ओर तो ऐसी वस्तुओं का चित्रण करता है, जो मन में कोई भाव उठाने या उठे हुए भाव को और जगाने में समर्थ होती हैं और दूसरी ओर उन वस्तुओं के अनुरूप भावों के अनेक स्वरूप शब्दों द्वारा व्यक्त करता है। एक विभाव-पक्ष है, दूसरा भाव-पक्ष। कहने की आवश्यकता नहीं कि काव्य में ये दोनों अन्योन्याश्रित हैं, अतः दोनों रहते हैं। जहाँ एक ही पक्ष का वर्णन रहता है, वहाँ भी दूसरा पक्ष अव्यक्त रूप में रहता है। जैसे, नायिका के रूप या नखशिख का कोरा वर्णन लें, तो उसमें भी आश्रय का रति-भाव अव्यक्त रूप में वर्तमान रहता है। भाव-पक्ष में सूर की पहुँच का उल्लेख ऊपर हो चुका है। सूरदास जी ने शृंगार और वात्सल्य ये ही दो रस लिये हैं। अतः विभाव-पक्ष में भी उनका वर्णन उन्हीं वस्तुओं तक परिमित है, जो उक्त दोनों रसों के आलम्बन या उद्दीपन के रूप में आ सकती हैं; जैसे, राधा और कृष्ण के नाना रूप, वेष और चेष्टाएँ तथा करीज-कुंज, उपवन, यमुना, पवन, चन्द्र, ऋतु इत्यादि।

विभाव-पक्ष के अन्तर्गत भी वस्तुएँ दो रूपों में लायी जाती हैं—वस्तु-रूप और अलंकार-रूप में; अर्थात् प्रस्तुत रूप में और अप्रस्तुत रूप में। मान लीजिये कि कोई कवि कृष्ण का वर्णन कर रहा है। पहले वह कृष्ण के श्याम या नीलवर्ण शरीर को, उस पर पड़े हुए पीताम्बर को, त्रिभंगी मुद्रा को, स्मित आनन को, हाथ में ली हुई मुरली को, सिर के कुंचित केश और मोर-मुकुट आदि को सामने रखता है। यह विन्यास वस्तु-रूप में हुआ। इसी प्रकार का विर्न्यास यमुना-तट, निकुंज की लहराती लताओं, चन्द्रिका, कोकिलकूजन आदि का होगा। इनके साथ ही यदि कृष्ण के शोभा-वर्णन में घन और दामिनी, सनाल कमल आदि उपमान के रूप में वह लाता है, तो यही विन्यास अलंकार-रूप में होगा। वर्ण्य-विषय की परिमिति के कारण वस्तु-विन्यास का जो संकोच 'सूर' की रचना में दिखायी पड़ता है, उसका बहुत-कुछ कसर अलंकार के रूप में लाये हुए पदार्थों के प्राचुर्य द्वारा पूरी हो जाती है। कहने का तात्पर्य यह कि प्रस्तुत रूप में लाये हुए पदार्थों की संख्या बहुत अधिक है। यह दूसरे प्रकार की (आलंकारिक) रूप-योजना या व्यापार-योजना किसी और (प्रस्तुत) रूप के प्रभाव को बढ़ाने के लिए ही होती है, अतः इसमें लाये हुए रूप या व्यापार

ऐसे ही होने चाहिए जो प्रभाव से उन प्रस्तुत रूपों या व्यापारों के समान हों। अलंकार योजना के लिए अधिकतर ऐसे ही पदार्थ लाये हैं।

सारांश यह कि यदि हम बाह्य सृष्टि से लिये गये रूपों और व्यापारों के सम्बन्ध में सूर की पहुँच का विचार करते हैं, तो यह बात स्पष्ट देखने में आती है कि प्रस्तुत रूप में लिये हुए पदार्थों और व्यापारों की संख्या परिमित है। उन्होंने कृष्ण और राधा के अंग-प्रत्यंग, मुद्राओं और चेष्टाओं, यमुना-तट, वंशीवट, निकुंज, गो-चारण, वन-विहार, बाल-लीला, चोरी, नटखटी तथा कवि-परिपाटी में परिगणित ऋतु-सुलभ वस्तुओं तक ही अपने को रखा है।

इसके कारण दो हैं—पहली बात तो यह है कि इनकी रचना 'गीतिकाव्य' है, जिसमें मधुर ध्वनि-प्रवाह के बीच कुछ चुने हुए पदार्थों और व्यापारों की झलक भर काफी होती है। गोस्वामी तुलसीदास जी के मानस के समान सूरसागर प्रबन्ध-काव्य नहीं है; जिसमें कथा-क्रम से अनेक पदार्थों और व्यापारों की शृंखला जुड़ती चली चलती है। सूरदास जी ने प्रत्येक लीला या प्रसंग पर फुटकर पद कहे हैं। एक पद दूसरे पद से सम्बद्ध नहीं है। प्रत्येक पद स्वतन्त्र है। इसी से किसी एक प्रसंग पर कहे हुए पदों को यदि हम लेते हैं, तो एक ही घटना से सम्बन्ध रखनेवाली एक ही बात भिन्न-भिन्न रागिनियों में कुछ फेरफार के साथ बहुत-से पदों में मिलती है, जिससे पढ़नेवाले का जी कभी-कभी ऊब-सा जाता है। यह बात प्रकृत प्रबन्ध-काव्य में नहीं होती।

परिमिति का दूसरा कारण पहले ही कहा जा चुका है कि सूरदास जी ने जीवन की वास्तव में दो ही वृत्तियाँ ली हैं—बाल-वृत्ति और यौवन-वृत्ति। इन दोनों के अन्तर्गत आये हुए व्यापार क्रीड़ा, उमंग और उद्रेक के रूप में ही हैं। प्रेम भी घटनापूर्ण नहीं है। उसमें किसी प्रकार का प्रयत्न-विस्तार नहीं है, जिसके भीतर नयी-नयी वस्तुओं और व्यापारों का सन्निवेश होता चलता है। लोक-संघर्ष से उत्पन्न विविध व्यापारों की योजना सूर का उद्देश्य नहीं है। उनकी रचना जीवन की अनेकरूपता की ओर नहीं गयी है; बालक्रीड़ा, प्रेम के रंग-रहस्य और उसकी अतृप्त वासना तक ही रह गयी है। जीवन की गम्भीर समस्याओं से तटस्थ रहने के कारण उसमें यह वस्तुगाम्भीर्य नहीं है, जो गोस्वामी जी की रचनाओं में है। परिस्थिति की गम्भीरता के अभाव से गोपियों के वियोग में भी वह गम्भीरता नहीं दिखायी पड़ती, जो सीता के वियोग में है। उनका वियोग खाली बैठे का काम-सा दिखायी पड़ता है। सीता अपने प्रिय से वियुक्त होकर कई सौ कोस दूसरे द्वीप में राक्षसों के बीच पड़ी हुई थीं। गोपियों के गोपाल केवल दो-चार कोस दूर के एक नगर में राजसुख भोग रहे थे। सूर का वियोग-वर्णन, वियोग-वर्णन के लिए ही है। परिस्थिति के अनुरोध से नहीं। कृष्ण गोपियों के साथ क्रीड़ा करते-करते किसी कुंज या झाड़ी में जा छिपते हैं; या यों कहिये कि थोड़ी देर के लिए अन्तर्धान हो जाते हैं। बस, गोपियाँ मूर्च्छित होकर गिर पड़ती हैं। उनकी आँखों से आँसुओं की धारा उमड़ चलती है। पूर्ण वियोग-दशा उन्हें आ घेरती है। यदि परिस्थिति का विचार करें, तो ऐसा विरह-वर्णन

असंगत प्रतीत होगा। पर जैसा कहा जा चुका है, सूरसागर प्रबन्ध-काव्य नहीं है, जिसमें वर्णन की उपयुक्तता या अनुपयुक्तता के निर्णय में घटना या परिस्थिति के विचार का बहुत- कुछ योग रहता है।

पारिवारिक और सामाजिक जीवन के बीच हम सूर के बालकृष्ण को ही थोड़ा-बहुत देखते हैं। कृष्ण के केवल बाल-चरित्र का प्रभाव नन्द, यशोदा आदि परिवार के लोगों और पड़ोसियों पर पड़ता दिखायी देता है। सूर का बाललीला-वर्णन ही पारिवारिक जीवन से सम्बद्ध है। कृष्ण के छोटे-छोटे पैरों से चलने, मुँह से मक्खन लिपटाकर भागने या इधर-उधर नटखटी करने पर नन्द बाबा और यशोदा मैया का कभी पुलकित होना, कभी खीझना, कभी पड़ोसियों का प्रेम से उलाहना देना आदि बातें एक छोटे-से जनसमूह के भीतर आनन्द का संचार करती दिखायी गयी हैं। इसी बाललीला के भीतर कृष्णचरित का लोकपक्ष अधिकतर आया है। जैसे कंस के भेजे हुए असुरों के उत्पात से गोपों को बचाना, काली नाग को नाथकर लोगों का भय छुड़ाना। इन्द्र के कोप से डूबती हुई बस्ती की रक्षा करने और नन्द को वरुण लोक से लाने का वृत्तान्त यद्यपि प्रेमलीला आरम्भ होने के पीछे आया है, पर उससे सम्बद्ध नहीं है। कृष्ण के चरित में जो यह थोड़ा-बहुत लोकसंग्रह दिखायी पड़ता है, उसके स्वरूप में सूर की वृत्ति लीन नहीं हुई है। जिस शक्ति से उस बाल्यावस्था में ऐसे प्रबल शत्रुओं का दमन किया गया, उसके उत्कर्ष का अनुरंजनकारी और विस्तृत वर्णन उन्होंने नहीं किया है। जिस ओज और उत्साह से तुलसीदास जी ने मारीच, ताड़का, खरदूषण आदि के निपात का वर्णन किया है, उस ओज और उत्साह से सूरदास जी ने वकासुर, अघासुर, कंस आदि के वध और इन्द्र के गर्वमोचन का वर्णन नहीं किया है। कंस और उसके साथी असुर भी कृष्ण के शत्रु के रूप में ही सामने आते हैं। लोकशत्रु या लोकपीड़क के रूप में नहीं। रावण के साथी राक्षसों के समान वे ब्राह्मणों को चबा-चबाकर उनकी हड्डियों का ढेर लगानेवाले या स्त्री चुरानेवाले नहीं दिखायी पड़ते। उनके कारण वैसा हाहाकार नहीं सुनायी पड़ता। उनका अत्याचार 'सभ्य अत्याचार' जान पड़ता है। शक्ति, शील और सौन्दर्य भगवान् की इन तीन विभूतियों में से सूर ने केवल सौन्दर्य तक ही अपने को रखा है, जो प्रेम को आकर्षित करता है। शेष दो विभूतियों को भी लेकर भगवान् के लोकरंजनकारी स्वरूप की पूर्ण प्रतिष्ठा हमारे हिन्दी साहित्य में गोस्वामी तुलसीदास जी ने की। श्रद्धा या महत्त्वबुद्धि को पुष्ट करने के लिए कृष्ण की शक्ति या लौकिक महत्त्व की प्रतिष्ठा में आग्रह न दिखाने के कारण ही सूर की उपासना सख्य भाव की कही जाती है।

पारिवारिक और सामाजिक जीवन के साथ सूरदास द्वारा वर्णित कृष्णचरित का जो थोड़ा-बहुत सम्बन्ध दिखायी पड़ता है उसका सम्यक् स्फुरण नहीं हुआ है। रहा प्रेमपक्ष; वह ऐकान्तिक है। सूर का प्रेमपक्ष लोक से न्यारा है। गोपियों के प्रेमभाव की गम्भीरता आगे चलकर उद्धव का ज्ञानगर्व मिटाती हुई दिखायी पड़ती है। वह

भक्ति की एकान्त साधना का आदर्श प्रतिष्ठित करती हुई जान पड़ती है; लोकधर्म के किसी अंग का नहीं। सूरदास सच्चे प्रेममार्ग के त्याग और पवित्रता को ज्ञानमार्ग के त्याग और पवित्रता के समक्ष रखने में खूब समर्थ हुए हैं, साथ ही उन्होंने उस त्याग को रागात्मिका वृत्ति द्वारा प्रेरित दिखाकर भक्तिमार्ग की सुगमता भी प्रतिपादित की है।

तुलसी के समान लोकव्यापी प्रभाववाले कर्म और लोकव्यापिनी दशाएँ सूर ने वर्णन के लिए नहीं ली हैं। असुरों के अत्याचारों से दुःखी पृथ्वी की प्रार्थना पर भगवान् का कृष्णावतार हुआ, इस बात को उन्होंने केवल एक ही पद में कह डाला है। इसी प्रकार कागासुर, वकासुर, शकटासुर आदि को हम लोकपीड़कों के रूप में नहीं पाते हैं। केवल प्रलम्ब और कंस के वध पर देवताओं का फूल बरसाना देखकर उक्त कर्म के लोकव्यापी प्रभाव का कुछ आभास मिलता है। पर वह वर्णन विस्तृत नहीं है। सूरदास का मन जितना नन्द के घर की आनन्द बधाई, बालक्रीड़ा, मुरली की मोहनी तान, रासनृत्य, प्रेम का रंग-रहस्य और संयोग-वियोग की नाना दशाओं में लगा है, उतना ऐसे प्रसंगों में नहीं। ऐसे प्रसंगों को उन्होंने किसी प्रकार चलता कर दिया है। कुछ लोग रामचरितमानस में राम के प्रत्येक कर्म पर देवताओं का फूल बरसाना देखकर ऊबते-से हैं। उन्हें समझना चाहिए कि गोस्वामी जी ने राम के प्रत्येक कर्म के ऐसे व्यापक प्रभाव का चित्रण किया है, जिस पर तीनों लोकों की दृष्टि लगी रहती थी। कृष्ण का गोचारण और रासलीला आदि देखने को भी देवगण एकत्र हो जाते हैं, पर केवल तमाशबीन की तरह।

सूरदास जी को मुख्यतः शृंगार और वात्सल्य का कवि समझना चाहिए, यद्यपि और रसों का भी एकाध जगह अच्छा वर्णन मिल जाता है; जैसे—दावानल के इस वर्णन में भयानक रस का—

भहरात झहरात दावानल आयो।
घेरि चहुँ ओर, करि सोर अंदोर वन, धरनि आकास चहुँ पास छायो।
बरत बनबाँस, थरहरत कुसकाँस, जरि उड़त बहु झाँस अति प्रबल धायो।
झपटि झपट त लपट, फूल, फूटत पटकि चटकि, लटलटकि द्रुमफटि नवायो।
अति अगिनि झार भंभार धुधार करि उचटि अंगार झंझार छायो।
बरत बनपात, भहरात, झहरात अररात तरु महा धरनी गिरायो।

पर जैसा कहते आ रहे हैं, मुख्यता शृंगार और वात्सल्य की ही है। पर इसमें सन्देह नहीं कि इन दोनों रसों के वे सबसे बड़े कवि हैं।

यहाँ तक तो सूर की रचना की सामान्य दृष्टि से समीक्षा हुई। अब इन महाकवि की उन विशेषताओं का थोड़ा- बहुत दिग्दर्शन होना चाहिए, जिनके कारण हिन्दी साहित्य में इनका स्थान इतना ऊँचा है। ध्यान देने की सबसे पहली बात यह है कि चलती हुई व्रजभाषा में सबसे पहली साहित्यिक कृति इन्हीं की मिलती है, जो अपनी पूर्णता के कारण आश्चर्य में डाल देती है। पहली साहित्यिक रचना और इतनी प्रचुर, प्रगल्भ और काव्यांगपूर्ण कि अगले कवियों की शृंगार और वात्सल्य की

उक्तियाँ इनकी जूठी जान पड़ती हैं। यह बात हिन्दी साहित्य का इतिहास लिखनेवालों को उलझन में डालनेवाली होगी। सूरसागर किसी पहले से चली आती हुई परम्परा का—चाहे वह मौखिक ही रही हो—पूर्ण विकास-सा जान पड़ता है, चलनेवाली परम्परा का मूल रूप नहीं।

यदि भाषा को लेकर देखते हैं, तो वह व्रज की चलती बोली होने पर भी साहित्यिक भाषा के रूप में मिलती है, जो और प्रान्तों के कुछ प्रचलित शब्दों और प्रत्ययों के साथ पुरानी काव्यभाषा या अपभ्रंश के शब्दों को लिये हुए है। सूर की भाषा बिलकुल बोलचाल की व्रजभाषा नहीं है। 'जाकों', 'तासों', 'वाकों' चलती व्रजभाषा के इन रूपों के समान ही 'जेहि', 'तेहि' आदि पुराने रूपों का प्रयोग बराबर मिलता है, जो अवधी की बोलचाल में तो अब तक हैं, पर व्रज की बोलचाल में सूर के समय में भी नहीं थे। पुराने निश्चयार्थक 'पै' का व्यवहार भी पाया जाता है; जैसे, "जाहि लगै सोई पै जाने, प्रेम-बान अनियारो।" 'गोड़', 'आपन', 'हमार' आदि पूरबी प्रयोग भी बराबर पाये जाते हैं। कुछ पंजाबी प्रयोग भी मौजूद हैं। जैसे, महँगी के अर्थ में 'प्यारी' शब्द। ये सब बातें एक व्यापक काव्यभाषा के अस्तित्व की सूचना देती हैं।

अब हम संक्षेप में उन प्रसंगों को लेते हैं, जिनमें सूर की प्रतिभा पूर्णतया लीन हुई है। कृष्णजन्म की आनन्द बधाई के उपरान्त ही बाललीला का आरम्भ हो जाता है। जितने विस्तृत और विशद रूप में बाल्यजीवन का चित्रण इन्होंने किया है, उतने विस्तृत रूप में और किसी कवि ने नहीं किया। शैशव से लेकर कौमार अवस्था तक के क्रम से लगे हुए न जाने कितने चित्र मौजूद हैं। उनमें केवल बाहरी रूपों और चेष्टाओं का ही विस्तृत और सूक्ष्म वर्णन नहीं है, कवि ने बालकों की अन्तःप्रकृति में भी पूरा प्रवेश किया है और अनेक बाल्यभावों की सुन्दर स्वाभाविक व्यंजना की है। देखिये, 'स्पर्द्धा' का भाव, जो बालकों में स्वाभाविक होता है, इन वाक्यों से किस प्रकार व्यंजित हो रहा है—

मैया कबहिं बढ़ैगी चोटी।
किती बार मोहिं दूध पियत भई, यह अजहूँ है छोटी।
तू जो कहति 'बल' की बेनी ज्यों ह्वैहैं लाँबी मोटी॥

बालचेष्टा के स्वाभाविक मनोहर चित्रों का इतना बड़ा भण्डार और कहीं नहीं है, जितना बड़ा सूरसागर में है। दो-चार चित्र देखिये—

(1) *कत हौ आरि करत मेरे मोहन यों तुम आँगन लोटी।*
जो माँगहु सो देहुँ मनोहर, यहैं बात तेरी खोटी।
सूरदास को ठाकुर ठाढ़ो, हाथ लकुटि लिये छोटी।।

(2) *सोभित कर नवनीत लिये।*
घुटुरुन चलत, रेनु तन मण्डित, मुख दधि लेप किये।।

(3) *सिखवत चलन जसोदा मैया।*
अरबराय करि पानि गहावत, डगमगाय धरै पैयाँ॥

(4) *पाहुनो करि दै तनक मह्यौ।*
आरि करै मनमोहन मेरो, अंचल आनि गह्यौ।
व्याकुल मथत मथनियाँ रीती, दधि भ्वै ढरकि रह्यौ॥

हार-जीत के खेल में बालकों के 'क्षोभ' के कैसे स्वाभाविक वचन सूर ने रखे हैं–

खेलत में को काको गोसैयाँ।
हरि हारे, जीते श्रीदामा, बरबस ही कत करत रिसैयाँ॥
जाति-पाँति हमते कछु नाहीं, नाहीं बसत तुम्हारी छैयाँ।
अति अधिकार जनावत यातें, अधिक तुम्हारे है कछु गैयाँ॥

अब यहाँ पर थोड़ा इसका भी निर्णय हो जाना चाहिए कि इन बाल-चेष्टाओं का काव्य-विधान में क्या स्थान होगा। वात्सल्य रस के अनुसार बालक कृष्ण आलम्बन होंगे और नन्द या यशोदा आश्रय। अतः ये चेष्टाएँ अनुभव के अन्तर्गत आती हैं; पर आलम्बनगत चेष्टाएँ उद्दीपन के ही भीतर आ सकती हैं। इससे यह स्पष्ट है कि ऐसी चेष्टाओं का स्थान भावविधान के ही भीतर है। उन्हें अलंकार-विधान के भीतर घसीटकर 'स्वभावोक्ति अलंकार' कहना मेरी समझ में ठीक नहीं।

बाललीला के आगे फिर उस गोचारण का मनोरम दृश्य सामने आता है, जो मनुष्य जाति की अत्यन्त प्राचीन वृत्ति होने के कारण अनेक देशों में काव्य का प्रिय विषय रहा है। यवन देश (यूनान) के 'पशुचारण काव्य' (Pastoral Poetry) का मधुर संस्कार यूरोप की कविता पर अब तक कुछ-न-कुछ चला ही जाता है। कवियों को आकर्षित करनेवाली गोपजीवन की सबसे बड़ी विशेषता है–प्रकृति के विस्तृत क्षेत्र में विचरने के लिए सबसे अधिक अवकाश। कृषि, वाणिज्य आदि और व्यवसाय जो आगे चलकर निकले, वे अधिक जटिल हुए–उनमें उतनी स्वच्छन्दता न रही। कविश्रेष्ठ कालिदास ने अपने रघुवंश काव्य के आरम्भ में दिलीप को नन्दिनी के साथ वन-वन फिराकर इसी मधुर जीवन का आभास दिखाया है। सूरदास जी ने यमुना के कछारों के बीच गोचारण के बड़े सुन्दर-सुन्दर दृश्यों का विधान किया है। यथा–

मैया री ! मोहि दाऊ टेरत।
मोको बनफल तोरि देत हैं, आपुन गैयन घेरत।

यमुना-तट पर किसी बड़े पेड़ की शीतल छाया में बैठकर कभी सब सखा कलेऊ बाँटकर खाते हैं, कभी इधर-उधर दौड़ते हैं। कभी कोई चिल्लाता है–

द्रुम चढ़ि काहे न टेरत, कान्हा, गैयाँ दूरि गईं।
धाई जाति सबन के आगे जे बृषभान दईं।

'जे वृषभानु दईं' कहकर सूर ने पशु-प्रकृति का अच्छा परिचय दिया है। नये खूँटे पर आयी गायें बहुत दिनों तक चंचल रहती हैं और भागने का उद्योग करती हैं। इसी से वृषभानु की दी हुई गायें चरते समय भी भाग खड़ी होती हैं और कुछ दूसरी गायें भी स्वभावानुसार उनके पीछे दौड़ पड़ती हैं।

वृन्दावन के उसी सुखमय जीवन के हास-परिहास के बीच गोपियों के प्रेम का उदय होता है। गोपियाँ कृष्ण के दिन-दिन खिलते हुए सौन्दर्य और मनोहर चेष्टाओं को देख मुग्ध होती चली जाती हैं; और कृष्ण कौमार अवस्था की स्वाभाविक चपलतावश उनसे छेड़छाड़ करना आरम्भ करते हैं। हास-परिहास और छेड़छाड़ के साथ प्रेम-व्यापार का अत्यन्त स्वाभाविक आरम्भ सूर ने दिखाया है। किसी की रूपचर्चा सुन या अकस्मात् किसी की एक झलक पाकर, हाय-हाय करते हुए इस प्रेम का आरम्भ नहीं हुआ है। नित्य अपने बीच चलते-फिरते, हँसते-बोलते, वन में गाय चराते देखते-देखते गोपियाँ कृष्ण में अनुरक्त होती हैं और कृष्ण गोपियों में। इस प्रेम को हम जीवनोत्सव के रूप में पाते हैं, सहसा उठ खड़े हुए तूफान या मानसिक विप्लव के रूप में नहीं, जिनमें अनेक प्रकार के प्रतिबन्धों और विघ्नबाधाओं को पार करने की लम्बी-चौड़ी कथा खड़ी होती है। सूर के कृष्ण और गोपियाँ पक्षियों के समान स्वच्छन्द हैं। वे लोकबन्धनों से जकड़े हुए नहीं दिखाये गये हैं। जिस प्रकार स्वच्छन्द समाज का स्वप्न अंग्रेज कवि शेली देखा करते थे, उसी प्रकार का यह समाज सूर ने चित्रित किया।

सूर के प्रेम की उत्पत्ति में रूपलिप्सा और साहचर्य दोनों का योग है। बालक्रीड़ा के सखा-सखी आगे चलकर यौवनक्रीड़ा के सखा-सखी हो जाते हैं। गोपियों ने उद्धव से साफ कहा–"लरिकाई को प्रेम कहौ अलि, कैसे छूटै?" केवल एक साथ रहते-रहते भी दो प्राणियों में स्वभावतः प्रेम हो जाता है? कृष्ण एक तो बाल्यावस्था से ही गोपियों के बीच रहे, दूसरे सुन्दरता में भी अद्वितीय थे। अतः गोपियों के प्रेम का क्रमशः विकास दो प्राकृतिक शक्तियों के प्रभाव से होने के कारण बहुत ही स्वाभाविक प्रतीत होता है। बालक्रीड़ा इस प्रकार क्रमशः यौवनक्रीड़ा के रूप में परिणत होती गयी है कि सन्धि का पता ही नहीं चलता। रूप का आकर्षण बाल्यावस्था से ही आरम्भ हो जाता है। राधा और कृष्ण के विशेष प्रेम की उत्पत्ति सूर ने रूप के आकर्षण द्वारा ही कही है–

(क) *खेलन हरि निकसे ब्रज खोरी।*
गये स्याम रवि-तनया के तट अंग लसति चन्दन की खोरी।
औचक ही देखी तहँ राधा, नयन बिसाल भाल दिये रोरी।
सूर स्याम देखत ही रीझे नैन नैन मिलि परी ठगौरी।

(ख) *बूझत स्याम, 'कौन तू' गोरी!*
'कहाँ रहति, काकी तू बेटी ? देखी नाहिं कहूँ ब्रज-खोरी'।
'काहे को हम ब्रज तन आवति ? खेलति रहति आपनी पौरी'।
'सुनति रहति स्रवनन नन्दढोटा करत रहत माखन दधि चोरी'॥
'तुम्हरी कहा चोरि हम लैहैं ? खेलत चलौ संग मिलि जोरी'।
'सूरदास प्रभु रसिक-सिरोमनि बातन भुरइ राधिका भोरी'॥

इस खेल-ही-खेल में इतनी बड़ी बात पैदा हो गयी है, जिसे प्रेम कहते हैं। प्रेम का आरम्भ उभय पक्ष में सम है। आगे चलकर कृष्ण के मथुरा चले जाने पर उसमें कुछ विषमता दिखायी पड़ती है। कृष्ण यद्यपि गोपियों को भूले नहीं हैं, उद्धव के मुख से उनका वृत्तान्त सुनकर वे आँखों में आँसू भर लेते हैं, पर गोपियों ने जैसा वेदनापूर्ण उपालम्भ दिया है, उससे अनुराग की कमी ही व्यंजित होती है।

पहले कहा जा चुका है कि शृंगार और वात्सल्य के क्षेत्र में सूर की समता को और कोई कवि नहीं पहुँचा है। शृंगार के संयोग और वियोग दोनों पक्षों का इतना प्रचुर विस्तार और किसी कवि में नहीं मिलता। वृन्दावन में कृष्ण और गोपियों का सम्पूर्ण जीवन क्रीड़ामय है और सम्पूर्ण क्रीड़ा संयोगपक्ष है। उसके अन्तर्गत विभावों की परिपूर्णता, कृष्ण और राधा के अंग-प्रत्यंग की शोभा के अत्यन्त प्रचुर और चमत्कारपूर्ण वर्णन में तथा वृन्दावन के करीलकुंजों, लोनी लताओं, हरे-भरे कछारों, खिली हुई चाँदनी, कोकिल-कूजन आदि में देखी जाती है। अनुभावों और संचारियों का इतना बाहुल्य और कहाँ मिलेगा। सारांश यह कि संयोगसुख के जितने प्रकार के क्रीड़ाविधान हो सकते हैं, वे सब सूर ने लाकर इकट्ठे कर दिये हैं। यहाँ तक कि कुछ ऐसी बातें भी आ गयी हैं–जैसे, कृष्ण के कन्धे पर चढ़कर फिरने का राधा का आग्रह–जो कम रसिक लोगों को अरुचिकर स्त्रैणता प्रतीत होंगी।

सूर का संयोग वर्णन एक क्षणिक घटना नहीं है, प्रेम-संगीतमय जीवन की एक गहरी चलती धारा है, जिनमें अवगाहन करनेवाले को दिव्य माधुर्य के अतिरिक्त और कहीं कुछ नहीं दिखायी पड़ता। राधाकृष्ण के रंग-रहस्य के इतने प्रकार के चित्र सामने आते हैं कि सूर का हृदय प्रेम की नाना उमंगों का अक्षय भण्डार प्रतीत होता है। प्रेमोदय काल की विनोदवृत्ति और हृदयप्रेरित हावों की छटा चारों ओर झलक पड़ती है। राधा और कृष्ण का गाय चराते समय वन में भी साथ हो जाता है, एक-दूसरे के घर आने-जाने भी लगे हैं, इसलिए ऐसी बातें नित्य न जाने कितनी हुआ करती हैं–

(क) *करि ल्यो न्यारी, हरि, आपनि गैयाँ।*
नहिंन बसात लाल कछु तुमसों सबै ग्वाल इक ठैयाँ॥

(ख) *धेनु दुहत अति ही रति बाढ़ी।*
एक धार दोहनि पहुँचावत, एक धार जहँ प्यारी ठाढ़ी।
मोहन कर तें धार चलति पय, मोहनि-मुख अति ही छबि बाढ़ी॥

(ग) *तुम पै कौन दुहावै गैया ?*
इत चितवत, उत धार चलावत, एहि सिखयो है मैया ?

यशोदा के इस कथन का कि बार-बार तू यहाँ क्यों उत्पात मचाने आती है राधा जो उत्तर देती हैं उसमें प्रेम के आविर्भाव की कैसी सीधी-सादी और भोली-भाली व्यंजना है–

बार-बार तू ह्याँ जनि आवै।
'मैं कहा करौं सुतहि नहिं बरजति, घर तें मोहिं बुलावै।
मोसों कहत तोहिं बिनु देखे रहत न मेरो प्रान।
छोह लगत मोको सुनि बानी, महरि ! तिहारी आन'॥

कहने का सारांश यह कि प्रेम नाम की मनोवृत्ति का जैसा विस्तृत और पूर्ण परिज्ञान सूर को था, वैसा और किसी कवि को नहीं। इनका सारा संयोग वर्णन लम्बी-चौड़ी प्रेमचर्या है जिसमें आनन्दोल्लास के न जाने कितने स्वरूपों का विधान है। रासलीला, दानलीला, मानलीला इत्यादि सब उसी के अन्तर्भूत हैं। पीछे देव कवि ने एक 'अष्टयाम' रचकर प्रेमचर्या दिखाने का प्रयत्न किया; पर वह अधिकतर एक घर के भीतर के भोग-विलास की कृत्रिम दिनचर्या के रूप में है। उसमें न तो वह अनेकरूपता है और न प्राकृतिक जीवन की वह उमंग।

आलम्बन की रूप-प्रतिष्ठा के लिए कृष्ण के अंग-प्रत्यंग का सूर ने जो सैकड़ों पदों में वर्णन किया है, वह तो किया ही है, आश्रय-पक्ष में नेत्र-व्यापार और उसके अद्भुत प्रभाव पर एक दूसरी ही पद्धति पर बड़ी ही रम्य उक्तियाँ बहुत अधिक हैं। रूप को हृदय तक पहुँचानेवाले नेत्र ही हैं। इससे हृदय की सारी आकुलता, अभिलाषा और उत्कण्ठा का दोष इन्हीं रूपवाहकों के सिर मढ़कर सूर ने इनके प्रभाव-प्रदर्शन के लिए बड़े अनूठे ढंग निकाले हैं। कहीं इनकी न बुझनेवाली प्यास की परेशानी दिखायी है; कहीं इनकी चपलता और निरंकुशता पर उन्हें कोसा है; पीछे बिहारी, रामसहाय, गुलाम नबी और रसनिधि ने भी इस पद्धति का बहुत-कुछ अनुकरण किया, पर यहाँ तो भण्डार भरा हुआ है। इस प्रकार के नेत्र-व्यापार-वर्णन आश्रय-पक्ष और आलम्बन-पक्ष दोनों में होते हैं। सूर ने आश्रय-पक्ष में ही इस प्रकार के वर्णन किये हैं; जैसे–

मेरे नैना बिरह की बेलि बई।
सींचत नीर नैन के सजनी, मूल पताल गई।
बिगसति लता सुभाय आपने, छाया सघन भई।
अब कैसे निरुवारौं, सजनी! सब तन पसरि छई॥

आलम्बन-पक्ष में सूर के नेत्र-वर्णन उपमा, उत्प्रेक्षा आदि से भरी रूप-चित्रण की शैली पर ही हैं, जैसे–

देखि, री ! हरि के चंचल नैन।
खंजन मीन मृगज चपलाई नहिं पटतर एक सैन॥
राजिवदल, इंदीवर, शतदल, कमल, कुशेशय जाति।
निसि मुद्रित, प्रातहि वै बिगसत, ये बिगसत दिनराति॥
अरुन असित सित झलक पलक प्रति को बरनै उपमाय।
मनौ सरस्वति गंग जमुन मिलि आगम कीन्हीं आय॥

आलम्बन में स्थित नेत्र क्या करते हैं; इसका वर्णन सूर ने बहुत ही कम किया है। पिछले कुछ कवियों ने इस पक्ष में भी चमत्कारपूर्ण उक्तियाँ कही हैं। जैसे–सूर ने तो 'अरुन असित सित, झलक', पर गंगा, यमुना और सरस्वती की उत्प्रेक्षा की है, पर गुलाम नबी (रसलीन) ने उसी झलक की यह करतूत दिखायी है–

अमिय हलाहल मद भरे स्वेत, स्याम, रतनार।
जियत, मरत, झुकि झुकि परत जेहि चितवत एक बार।

मुरली पर कही हुई उक्तियाँ भी ध्यान देने योग्य हैं; क्योंकि उनसे प्रेम की सजीवता टपकती है। यह वह सजीवता है, जो भरे हुए हृदय से छलककर निर्जीव वस्तुओं पर भी अपना रंग चढ़ाती है। गोपियों की छेड़छाड़ कृष्ण ही तक नहीं रहती। उनकी मुरली तक भी, जो जड़ और निर्जीव है, पहुँचती है। उन्हें वह मुरली कृष्ण के सम्बन्ध से कभी इठलाती, कभी चिढ़ाती और कभी प्रेमगर्व दिखाती जान पड़ती है। उसी सम्बन्ध-भावना से वे उसे कभी फटकारती हैं, कभी उसका भाग्य सराहती हैं और कभी उससे ईर्ष्या प्रकट करती हैं–

(क) *माई री ! मुरली अति गर्व काहू बदति नहिं आज।*
हरि के मुख-कमल देख पायो सुखराज॥

(ख) *मुरली तऊ गोपालहि भावति।*
सुन, री सखी ! जदपि नँ नंदनंदहिं नाना भाँति नचावति।
राखति एक पायँ ठाढ़े करि, अति अधिकार जनावति॥
आपनु पौढ़ि अधर सज्जा पर कर पल्लव सों पद पलुटावति।
भृकुटी कुटिल, कोप नासापुट हम पर कोपि कँपावति॥

हृदय के पारखी सूर ने सम्बन्ध-भावना की शक्ति का अच्छा प्रसार दिखाया है। कृष्ण के प्रेम ने गोपियों में इतनी सजीवता भर दी है कि कृष्ण क्या, कृष्ण की मुरली तक से छेड़छाड़ करने को उनका जी चाहता है। हवा से लड़नेवाली स्त्रियाँ देखी नहीं, तो कम-से-कम सुनी बहुतों ने होंगी, चाहे उनकी जिन्दादिली की क़द्र न की हो। मुरली के सम्बन्ध में कहे हुए गोपियों के वचन से दो मानसिक तथ्य उपलब्ध होते हैं–आलम्बन के साथ किसी वस्तु की सम्बन्ध-भावना का प्रभाव तथा अत्यन्त अधिक या फालतू उमंग के स्वरूप। मुरली-सम्बन्धिनी उक्तियों में प्रधानता की पहली बात की है, यद्यपि दूसरे तत्त्व का भी मिश्रण है। फालतू उमंग के बहुत अच्छे उदाहरण उस समय देखने में आते हैं, जब कोई स्त्री अपने प्रिय को कुछ दूर पर देख कभी ठोकर खाने पर कंकड़-पत्थर को दो-चार मीठी गालियाँ सुनाती है, कभी रास्ते में पड़ती हुई पेड़ की टहनी पर भ्रू-भंग सहित झुँझलाती है और कभी अपने किसी साथी को यों ही ढकेल देती है।

यह सूचित करने की आवश्यकता तो कदाचित् न हो कि रूप पर मोहित होना, दर्शन के लिए आकुल रहना, वियोग में तड़पना आदि गोपियों के पक्ष में जितना

कहा गया है, उतना कृष्ण-पक्ष में नहीं। यह यहाँ के शृंगारी कवियों की—विशेषतः फुटकल पद्य रचनेवालों की सामान्य प्रवृत्ति ही रही है। तुल्यानुराग होने पर भी स्त्रियों की प्रेम-दशा या काम-दशा का वर्णन करने में ही यहाँ के कवियों का मन अधिक लगा है। पुराने प्रबन्ध-काव्यों में तो यह भेद उतना लक्षित नहीं होता, पर पीछे के काव्यों में यह स्पष्ट झलकता है। वाल्मीकि जी ने रामायण में सीता-हरण क़े उपरान्त राम और सीता दोनों के वियोग-दुःख-वर्णन में प्रायः समान ही शब्द व्यय किया है। कालिदास ने मेघदूत का आरम्भ यक्ष की विरहावस्था से करके उत्तर मेघ में यक्षिणी के विरह का वर्णन किया है। उनके नाटकों में भी प्रायः यही बात पायी जाती है। अतः मेरी समझ में शृंगार में नायिका की प्रेम-दशा या विरह-दशा का प्राधान्य श्रीमद्भागवत और ब्रह्मवैवर्तपुराण की कृष्णलीला के अधिकाधिक प्रचार के साथ हुआ, जिसमें एक ओर तो अनन्त सौन्दर्य की स्थापना की गयी और दूसरी ओर स्वाभाविक प्रेम का उदय दिखाया गया।

पुरुष आलम्बन हुआ और स्त्री आश्रय। जनता के बीच प्रेम के इस स्वरूप ने यहाँ तक प्रचार पाया कि क्या नगरों में, क्या ग्रामों में, सर्वत्र प्रेम के गीतों के नायक कृष्ण हुए और नायिका राधा। 'बनवारी' या 'कन्हैया' नायक का एक सामान्य नाम-सा हो गया। दिल्ली के पिछले बादशाह मुहम्मदशाह रँगीले तक को होली के दिनों में 'कन्हैया' बनने का शौक हुआ करता था !

और देशों की फुटकल शृंगारी कविताओं में प्रेमियों के ही विरह आदि के वर्णन की प्रधानता देखी जाती है। जैसे एशिया के अरब, फारस आदि देशों में वैसे ही यूरोप के इटली आदि काव्य-संगीत-प्रिय देशों में भी यही पद्धति प्रचलित रही। इटली में पीट्रार्क की शृंगारी कविता एक प्रेमिका के हृदय का उद्‌गार है। भारत में कृष्ण-कथा के प्रभाव से नायक के आकर्षक रूप में प्रतिष्ठित होने से पुरुषों की प्राधान्य-वासना की अधिक तृप्ति हुई। आगे चलकर पुरुषत्व पर इसका कुछ बुरा प्रभाव भी पड़ा। बहुतेरे शौर्य, पराक्रम आदि पुरुषोचित गुणों से मुँह मोड़ 'चटक मटक लटक' लाने में लगे, बहुत जगह तो माँगपट्टी, सुरमे, मिस्सी तक की नौबत पहुँची ! यूरोप में जहाँ स्त्री प्रधान आकर्षण के रूप में प्रतिष्ठित हुई, इसका उलटा हुआ। वहाँ स्त्रियों के बनाव, सिंगार और पहनावे के खर्च के मारे पुरुषों के नाकों में दम हो गया।

सूर के संयोग वर्णन की बात हो चुकी। इनका विप्रलम्भ ऐसा ही विस्तृत और व्यापक है। वियोग की जितनी अन्तर्दशाएँ हो सकती हैं, जितने ढंगों से उन दशाओं का साहित्य में वर्णन हुआ है और सामान्यतः हो सकता है, वे सब उसके भीतर मौजूद हैं। आरम्भ वात्सल्यरस के वियोग-पक्ष से हुआ है। कृष्ण के मथुरा से न लौटने पर नन्द और यशोदा दुःख के सागर में मग्न हो गये हैं। अनेक दुःखात्मक भाव-तरंगें उनके हृदय में उठती हैं। कभी यशोदा नन्द से खीझकर कहती हैं—

छाँड़ि सनेह चले मथुरा, कत दौरि न चीर गह्यो।
फाटि न गई ब्रज की छाती, कत यह सूल सह्यो॥

इस पर नन्द यशोदा पर उलट पड़ते हैं–

तब तू मारिबोई करति।
रिसनि आगै कहै जो आवत, अब लै भाँड़े भरति।
रीस कै कर दाँवरी लै फिरति घर घर धरति।
कठिन हिय करि तब जो बाँध्यो, अब वृथा करि मरति॥

यह 'झुँझलाहट' वियोगजन्य है, प्रेमभाव के ही अन्तर्गत है और कितनी स्वाभाविक है। सुख-शान्ति के भंग का कैसा यथातथ्य चित्र है। आगे देखिये, गहरी 'उत्सुकता' और 'अधीरता' के बीच 'विरक्ति' (निर्वेद) और तिरस्कारमिश्रित 'खिझलाहट' का यह मेल कैसा अनूठा उतरा है। यशोदा नन्द से कहती हैं–

नन्द ! ब्रज लीजै ठोकि बजाय।
देहु बिदा मिलि जाहि मधुपुरी जहँ गोकुल के राय॥

'ठोकि बजाय' में कितनी व्यंजना है! 'तुम' अपना व्रज अच्छी तरह सँभालो; तुम्हें इसका गहरा लोभ है; मैं तो जाती हूँ।' एक-एक वाक्य के साथ हृदय लिपटा हुआ आता दिखायी दे रहा है। एक वाक्य दो-दो, तीन-तीन भावों से लदा हुआ है? श्लेष आदि कृत्रिम विधानों से मुक्त ऐसा ही भावगुरुत्व हृदय को सीधे जाकर स्पर्श करता है। इसे भावशबलता कहें या भावपंचामृत; क्योंकि एक ही वाक्य ''नन्द ! ब्रज लीजै ठोंकि बजाय'' में कुछ निर्वेद, कुछ तिरस्कार और कुछ अमर्ष इन तीनों की मिश्र व्यंजना, जिसे शबलता कहने से सन्तोष नहीं होता, पायी जाती है। शबलता के प्रदत्त उदाहरणों में प्रत्येक भाव अलग शब्दों या वाक्यों द्वारा निर्दिष्ट किया जा सकता है; पर उक्त वाक्य में यह बात नहीं है।

ग्वाल-सखाओं की भी यही दशा हो रही है। कभी ये व्याकुल और अधीर होते हैं, कभी कृष्ण की निष्ठुरता पर क्षुब्ध होकर कहते हैं–

भए हरि मधुपुरी-राजा बड़े बंस कहाय।
सूत मागध बदत बिरुदहि बरनि बसुद्यौ तात।
राजभूषन अंग भ्राजत, अहिर कहत लजात॥

वियुक्त प्रिय के सुख के अनिश्चय की 'शंका' तक न पहुँचती हुई भावना, 'दीनता' और क्षोभजन्य 'उदासीनता'–किस प्रकार इन वचनों में टपक रही है–

सँदेसो देवकी सों कहियो।
हौं तो धाय तिहारो सुत की, कृपा करति ही रहियो।
तुम तो टेव जानतिहि ह्वैहो, तऊ मोहिं कहि आवै।
प्रात उठत मेरे लाल लड़ैतहि माखन रोटी भावै॥

कृष्ण राजभवन में जा पहुँचे हैं, यह जानते हुए भी यशोदा के प्रेमपूर्ण हृदय में यह बात जल्दी नहीं बैठती कि कृष्ण के सुख का ध्यान जितना वे रखती थीं, उतना संसार में और भी कोई रख सकता है। रसमग्न हृदय ही ऐसी दशाओं का वर्णन कर सकता है। केवल उदाहरण की लीक पीटनेवालों के भाग्य में यह बात कहाँ।

आगे चलकर गोपियों की वियोग-दशा का जो धारा-प्रवाह वर्णन है उसका तो कहना ही क्या है। न जाने कितनी मानसिक दशाओं का संचार उसके भीतर है। कौन गिना सकता है ? संयोग और वियोग दो अंग होने से शृंगार की व्यापकता बहुत अधिक है। इसी से वह रसराज कहलाता है। इस दृष्टि से यदि सूरसागर को हम रससागर कहें, तो बेखटके कह सकते हैं। कृष्ण के चले जाने पर सायं-प्रभात तो उसी प्रकार होते हैं, पर "मदन गोपाल बिना या तन की सबै बात बदली।" ब्रज में पहले सायंकाल में जो मनोहर दृश्य देखने में आया करता था, वह अब बाहर नहीं दिखायी पड़ता; पर मन से उसकी 'स्मृति' नहीं जाती–

एहि बेरियाँ बन ते ब्रज आवते।
दूरहिं ते वह बेनु अधर धरि बारम्बार बजावते॥

संयोग के दिनों में आनन्द की तरंगें उठानेवाले पदार्थों को वियोग के दिनों में देखकर जो दुःख होता है, उसकी व्यंजना के लिए कवियों में उपालम्भ की चाल बहुत दिनों से चली आती है। चन्द्रोपालम्भ-सम्बन्धिनी बड़ी सुन्दर कविताएँ संस्कृत साहित्य में हैं। देखिये, सागर-मन्थन के समय चन्द्रमा को निकालनेवालों तक, इस उपालम्भ में, किस प्रकार गोपियाँ अपनी दृष्टि दौड़ाती हैं–

पिया बिनु होत कहा अब सूनो?
लै किन प्रकट कियो प्राची दिसि, बिरहिनि को दुख दूनो ?
सब निरदय सुर, असुर शैल सखि ! सायर सर्प समेत।
धन्य कहौं वर्षा ऋतु, तमचुर और कमलन को हेत।
जुग जुग जीवै जरा बापुरी मिलै राहु अरु केत॥

इसी पद्धति के अनुसार वे वियोगिनी गोपियाँ अपने उजड़े हुए नीरस जीवन के मेल में न होने के कारण वृन्दावन के हरे-भरे पेड़ों को कोसती हैं–

मधुबन ! तुम कत रहत हरे ?
बिरह-बियोग श्यामसुन्दर के, ठाढ़े क्यों न जरे ?
तुम हौ निलज, लाज नहिं तुमको, फिर सिर पुहुप धरे।
ससा स्यार औ वन के पखेरू धिक धिक सबन करे।
कौन काज ठाढ़े रहे बन में, काहे न उकठि परे ?

इसी प्रकार रात उन्हें साँपिन-सी लग रही है। साँपिन की पीठ काली और पेट सफेद होता है। ऐसा प्रसिद्ध है कि वह काटकर उलट जाती है जिससे सफेद भाग ऊपर हो जाता है। बरसात की अँधेरी रात में कभी-कभी बादलों के हट जाने से जो चाँदनी फैल जाती है वह ऐसी ही लगती है–

पिया बिनु साँपिन कारी राति।
कबहुँ जामिनी होति जुन्हैया डसि उलटी ह्वै जाति॥

इस पद पर न जाने कितने लोग लट्टू हैं।

सूरदास जी का विहार-स्थल जिस प्रकार घर की चहारदीवारी के भीतर तक ही न रहकर यमुना के हरे-भरे कछारों, करील के कुंजों और वनस्थलियों तक फैला है, उसी प्रकार उनका विरह-वर्णन भी 'बैरिन भइँ रतियाँ' और 'साँपिन भई सेजिया' तक ही न रहकर प्रकृति के खुले क्षेत्र के बीच दूर-दूर तक पहुँचता है। मनुष्य के आदिम वन्य जीवन के परम्परागत मधुर संस्कार को उद्दीप्त करनेवाले इन शब्दों में कितना माधुर्य है—"एक बन ढूँढ़ि सकल बन ढूँढ़ौ, कतहुँ न स्याम लहौं।" ऋतुओं का आना-जाना उसी प्रकार लगा है। प्रकृति पर उनका रंग वैसा ही चढ़ता-उतरता दिखायी पड़ता है। भिन्न-भिन्न ऋतुओं की वस्तुएँ देख जैसे गोपियों के हृदय में मिलने की उत्कण्ठा उत्पन्न होती है वैसे ही कृष्ण के हृदय में क्यों नहीं उत्पन्न होती है? जान पड़ता है कि ये सब उधर जाती ही नहीं, जिधर कृष्ण बसते हैं। सब वृन्दावन में ही आ-आकर अपना अड्डा जमाती हैं—

मानौ, माई ! सबन्ह इतै ही भावत।
अब वहि देस नंदनंदन को कोउ न समौ जनावत।
धरत न बन नवपत्र, फूल, फल, पिक बसन्त नहिं गावत।
मुदित न सर सरोज अलि गुंजत, पवन पराग उड़ावत।
पावस बिबिध बरन बर बादर, उठि नहिं अम्बर छावत।
चातक मोर चकोर सोर करै, दामिनि रूप दुरावत॥

अपनी अन्तर्दशा को ऋतुसुलभ व्यापारों के बीच बिम्ब-प्रतिबिम्ब रूप से देखना भावमग्न अन्तःकरण की एक विशेषता है। इसके वर्णन में प्रस्तुत-अप्रस्तुत का भेद मिट-सा जाता है। ऐसे वर्णन पावस के प्रसंग में सूर ने बहुत अच्छे किये हैं। "निसि दिन बरसत नैन हमारे" बहुत प्रसिद्ध पद है। विरहोन्माद में भिन्न-भिन्न प्रकार की उठती हुई भावनाओं से रंजित होकर एक ही वस्तु कभी किसी रूप में दिखायी पड़ती है, कभी किसी रूप में। उठते हुए बादल कभी तो ऐसे भीषण रूप में दिखायी पड़ते हैं—

देखियत चहुँ दिसि ते घन घोरे।
मानौ मत्त मदन के हथियन बल करि बन्धन तोरे।
कारे तन अति चुवत गण्ड मद, बरसत थोरे थोरे।
रुकत न पवन महावत हूँ पै, मुरत न अंकुस मोरे॥

कभी अपने प्रकृत लोक-सुखदायक रूप में ही सामने आते हैं और कृष्ण की अपेक्षा कहीं दयालु और परोपकारी लगते हैं—

बरु ये बदराऊ बरसन आए।
अपनी अवधि जानि, नँदनंदन ! गरजि गगन घन छाए।
कहियत है सुरलोक बसत, सखि ! सेवक सदा पराए।
चातक कुल की पीर जानिकै, तेउ कहाँ ते धाए।
तृण किए हरित, हरषि बेली मिलि, दादुर मृतक जिवाए॥

'बदराऊ' के 'ऊ' और 'बरु' के 'उ' में कैसी व्यंजना है ! 'बादल तक'–जो जड़ समझे जाते हैं–आश्रितों के दुःख से द्रवीभूत होकर आते हैं !

प्रिय के साथ रूपसाम्य के कारण वे ही मेघ कभी प्रिय लगने लगते हैं–

आजु घनश्याम की अनुहारि !
उनै आए साँवरे ते सजनी ! देखि, रूप की आरि।
इन्द्रधनुष मनो नवल बसन छबि, दामिनि दसन विचारि।
जनु बगपाँति माल मोतिन की, चितवत हितहि निहारि॥

इसी प्रकार पपीहा कभी तो अपनी बोली के द्वारा प्रिय का स्मरण कराकर दुःख बढ़ाता हुआ प्रतीत होता है और यह फटकार सुनाता है–

हौं तो मोहन के विरह जरी, रे ! तू कत जारत ?
रे पापी तू पंखि पपीहा ! 'पिउ पिउ पिउ' अधिराति पुकारत।।
सब जग सुखी, दुखी तू जल बिनु, तऊ न तन की बिथहि बिचारत।
सूर श्याम बिनु ब्रज पर बोलत, हठि अगिलोऊ जनम बिगारत।।

और कभी समदुःखभोगी के रूप में अत्यन्त सुहृद् जान पड़ता है और समान प्रेम व्रत पालन के द्वारा उनका उत्साह बढ़ाता प्रतीत होता है–

बहुत दिन जीवौ, पपिहा प्यारो।
बासर रैनि नाँव लै बोलत, भयौ बिरह जुर कारो।
आपु दुखित पर दुखित जान जिय चातक[1] नाम तिहारो।
देखौ सकल बिचारि, सखी ! जिय बिछुरन को दुख न्यारो।
जाहि लगै सोई पै जानै प्रेम बान अनियारो।
सूरदास प्रभु स्वाति-बूँद लगि, तज्यो सिन्धु करि खारो॥

काव्य-जगत् की रचना करनेवाली कल्पना इसी को कहते हैं। किसी भावोद्रेक द्वारा परिचालित अन्तर्वृत्ति जब उस भाव के पोषक स्वरूप गढ़कर या काट-छाँटकर सामने रखने लगती है तब हम उसे सच्ची कवि-कल्पना कह सकते हैं। यों ही सिरपच्ची करके–बिना किसी भाव में मग्न हुए–कुछ अनोखे रूप खड़े करना या कुछ को कुछ कहने लगना या तो बावलापन है, या दिमागी कसरत; सच्चे कवि की कल्पना नहीं। वास्तव के अतिरिक्त या वास्तव के स्थान पर जो रूप सामने लाये गये हों, उनके सम्बन्ध में यह देखना चाहिए कि वे किसी भाव की उमंग में उस भाव को सँभालनेवाले या बढ़ानेवाले होकर आ खड़े हुए हैं या यों ही तमाशा दिखाने के लिए, कुतूहल उत्पन्न करने के लिए जबरदस्ती पकड़कर लाये गये हैं। यदि ऐसे रूपों की तह में उनके प्रवर्तक या प्रेषक भाव का पता लग जाये तो समझिये कि कवि के हृदय का पता लग गया और वे रूप हृदयप्रेरित हुए। अँगरेज कवि कालरिज ने, जिसने कवि-कल्पना पर अच्छा विवेचन किया है, अपनी एक कविता[2] में ऐसे

1. चातक (चत् = माँगना) याचना करनेवाला।
2. Dejection ode 4 अप्रैल, 1802।

रूपावरण को आनन्दस्वरूप आत्मा से निकला हुआ कहा है, जिसके प्रभाव से जीवन में रोचकता रहती है। जब तक यह रूपावरण (कल्पना का) जीवन में साथ लगा चलता है तब तक दुःख की परिस्थिति में भी आनन्द-स्वप्न नहीं टूटता। पर धीरे-धीरे यह दिव्य आवरण हट जाता है और मन गिरने लगता है। भावोद्रेक और कल्पना में इतना घनिष्ठ सम्बन्ध है कि एक काव्य-मीमांसक ने दोनों को एक ही कहना ठीक समझकर कह दिया है–'कल्पना आनन्द है' (Imagination is Joy)[1]।

सच्चे कवियों की कल्पना की बात जाने दीजिये, साधारण व्यवहार में भी लोग जोश में आकर कल्पना का जो व्यवहार बराबर किया करते हैं वह भी किसी पहाड़ को 'शिशु' और 'पाण्डव' कहनेवाले कवियों के व्यवहार से कहीं उचित होता है। किसी निष्ठुर कर्म करनेवाले को यदि कोई 'हत्यारा' कह देता है तो वह सच्ची कल्पना का उपयोग करता है; क्योंकि विरक्ति या घृणा के अतिरेक से प्रेरित होकर ही उसकी अन्तर्वृत्ति हत्यारे का रूप सामने करती है, जिससे भाव की मात्रा के अनुरूप आलम्बन खड़ा हो जाता है। 'हत्यारा' शब्द का लाक्षणिक प्रयोग ही विरक्ति की अधिकता का व्यंजक है। उसके स्थान पर यदि कोई उसे 'बकरा' कहे, तो या तो किसी भाव की व्यंजना न होगी या किसी ऐसे भाव की होगी जो प्रस्तुत विषय के मेल में नहीं। कहलानेवाला कोई भाव अवश्य चाहिए और उस भाव को प्रस्तुत वस्तु के अनुरूप होना चाहिए। 'भारी मूर्ख' को लोग जो 'गदहा' कहते हैं वह इसीलिए कि 'मूर्ख' कहने से उनका जी नहीं भरता–उनके हृदय में उपहास अथवा तिरस्कार का जो भाव रहता है उसकी व्यंजना नहीं होती।

कहने की आवश्यकता नहीं कि अलंकार-विधान में उपयुक्त उपमान लाने में कल्पना ही काम करती है। जहाँ वस्तु, गुण या क्रिया के पृथक्-पृथक् साम्य पर ही कवि की दृष्टि रहती है वहाँ वह उपमा, रूपक, उत्प्रेक्षा आदि का सहारा लेता है और जहाँ व्यापार-समष्टि या पूर्ण प्रसंग का साम्य अपेक्षित होता है, वहाँ दृष्टान्त, अर्थान्तरन्यास और अन्योक्ति का। उपर्युक्त विवेचन से यह प्रकट होता है कि प्रस्तुत के मेल में जो अप्रस्तुत रखा जाय, चाहे वह वस्तु, गुण या क्रिया हो अथवा व्यापार-समष्टि, वह प्राकृतिक और चित्ताकर्षक हो तथा उसी प्रकार का भाव जगानेवाला हो जिस प्रकार का प्रस्तुत। व्यापार-समष्टि के समन्वय में कवि की सहृदयता का जिस पूर्णता के साथ हमें दर्शन होता है उस पूर्णता के साथ वस्तु क्रिया आदि के पृथक्-पृथक् समन्वय में नहीं। इसी से सुन्दर अन्योक्तियाँ इतनी मर्मस्पर्शिनी होती हैं। चुना हुआ अप्रस्तुत व्यापार जितना ही प्राकृतिक होगा, जितना ही अधिक मनुष्य जाति के आदिम जीवन में सुलभ दृश्यों में अन्तर्गत होगा, उतना ही रमणीय और अनुरंजनकारी होगा। सूरदास जी ने कई स्थलों पर अपनी कल्पना के बल से प्रस्तुत प्रसंग के मेल में अत्यन्त मनोरम व्यापार-समष्टि की योजना की है। कोई गोपिका या राधा स्वप्न में श्रीकृष्ण के दर्शनों का सुख प्राप्त कर रही थी

1. G.W. Mackel, Lectures on Poetry.

कि उसकी नींद उचट गयी। इस व्यापार के मेल में कैसा प्रकृतिव्यापी और गूढ़ व्यापार सूर ने रखा है, देखिये–

हमको सपनेहू में सोच।
जा दिन में बिछुरे नँदनंदन ता दिन ते यह पोच॥
मनौ गोपाल आए मेरे घर, हँसि करि भुजा गही।
कहा करौं बैरिनि भइ निंदिया, निमिष न और रही।
ज्यों चकई प्रतिबिम्ब देखि कै आनंदी पिय जानि।
सूर पवन मिलि निठुर विधाता चपल कियो जल आनि॥

स्वप्न में अपने ही मानस में किसी का रूप देखने और जल में अपना ही प्रतिबिम्ब देखने का कैसा गूढ़ और सुन्दर साम्य है। इसके उपरान्त पवन द्वारा प्रशान्त जल के हिल जाने से छाया का मिट जाना कैसा भूतव्यापी व्यापार स्वप्नभंग के मेल में लाया गया है।

इसी प्रकार प्राकृतिक चित्रों द्वारा सूर ने कई जगह पूरे प्रसंग की व्यंजना की है। जैसे, गोपियाँ मथुरा से कुछ ही दूर पर पड़ी विरह से तड़फड़ा रही हैं; पर कृष्ण राज-सुख के आनन्द में फूले नहीं समा रहे हैं। यह बात वे इस चित्र द्वारा कहते हैं–

सागर-कूल मीन तरफत है, हुलसि होत जल पीन।

जैसा ऊपर कहा गया है, जिसे निर्माण करनेवाली–सृष्टि खड़ी करनेवाली–कल्पना कहते हैं, उसकी पूर्णता किसी एक प्रस्तुत वस्तु के लिए कोई दूसरी अप्रस्तुत वस्तु, जो कि प्रायः कवि-परम्परा में प्रसिद्ध हुआ करती है–रख देने में उतनी नहीं दिखायी पड़ती जितनी किसी एक पूर्ण प्रसंग के मेल का कोई दूसरा प्रसंग–जिसमें अनेक प्राकृतिक वस्तुओं और व्यापारों की नवीन योजना रहती है–रखने में देखी जाती है। सूरदास जी ने कल्पना की इस पूर्णता का परिचय जगह-जगह दिया है, इसका अनुमान ऊपर उद्धृत पदों से हो सकता है। कबीर, जायसी आदि कुछ रहस्यवादी कवियों ने इस जीवन का मार्मिक स्वरूप तथा परोक्ष जगत् की कुछ धुँधली-सी झलक दिखाने के लिए इसी अन्योक्ति की पद्धति का अवलम्बन किया है; जैसे–

हंसा प्यारे ! सरवर तजि कहँ जाय ?
जेहि सरवर बिच मोती चुनते, बहुबिधि केलि कराय॥
सूखे ताल, पुरइनि जल छोड़े, कमल गयो कुँभिलाय।
कह कबीर जो अबकी बिछुरै, बहुरि मिलै कब आय॥

रहस्यवादी कवियों के समान सूर की कल्पना भी कभी-कभी इस लोक का अतिक्रमण करके आदर्श लोक की ओर संकेत करने लगती है; जैसे–

चकई री ! चलि चरन-सरोवर जहाँ न प्रेम-वियोग।
निसिदिन राम राय की वर्षा, भय रुज नहिं दुख सोग॥
जहाँ सनक से मीन, हंस शिव, मुनि-जन-नख-रवि-प्रभा-प्रकाश।
प्रफुलित कमल, निमिष नहिं ससि डर, गुंजत निगम सुबास॥

जेहि सर सुभग मुक्ति मुक्ता-फल, सुकृत अमृत-रस पीजै।
सो सर छाँड़ि कुबुद्धि बिहंगम ! इहाँ कहा रहि कीजै ? ॥

पर एक व्यक्तिवादी सगुणोपासक कवि की उक्ति के कारण इस चित्र में वह रहस्यमयी अव्यक्तता या धुँधलापन नहीं है। कवि अपनी भावना को स्पष्ट और अधिक व्यक्त करने के लिए जगह-जगह आकुल दिखायी पड़ता है। इसी से अन्योक्ति का मार्ग छोड़ जगह-जगह उसने रूपक का आश्रय लिया है। इस अन्योक्ति का दीनदयाल गिरि जी ने अच्छा निर्वाह किया है–

चल चकई ! वा सर विषय जहँ नहि रैन बिछोह।
रहत एकरस दिवस ही सुहृद हंस-संदोह ॥
सुहृद हंस-संदोह, कोह अरु द्रोह न जाके।
भोगत सुख अंबोह, मोह-दुख होय न ताके ॥
बरनै दीनदयाल भाग्य बिनु जाय न सकई।
प्रिय-मिलाप नित रहै ताहि सर चल तू चकई ॥

इसी अन्योक्ति-पद्धति को कवीन्द्र रवीन्द्र ने आजकल अपने विस्तृत प्रकृति-निरीक्षण के बल से और अधिक पल्लवित करके जो पूर्ण और भव्य स्वरूप प्रदान किया है वह हमारे नवीन हिन्दी साहित्य-क्षेत्र में 'गाँव में नया-नया आया ऊँट' हो रहा है। बहुत-से नवयुवकों को अपना एक नया ऊँट छोड़ने का हौसला हो गया है। जैसे भावों या तथ्यों की व्यंजना के लिए श्रीयुत् रवीन्द्र प्रकृति के क्रीड़ास्थल से लेकर नाना मूर्त स्वरूप खड़ा करते हैं वैसे भावों को ग्रहण करने तक की क्षमता न रखनेवाले बहुतेरे ऊटपटाँग चित्र खड़ा करने और कुछ असम्बद्ध प्रलाप करने की ही 'छायावाद' की कविता समझ अपनी भी कुछ करामात दिखाने के फेर में पड़ गये हैं। चित्रों के द्वारा बात कहना बहुत ठीक है, पर कहने के लिए कोई बात भी तो हो। कुछ तो काव्य-रीति से सर्वथा अनभिज्ञ, छन्द, अलंकार आदि के ज्ञान से बिलकुल कोरे देखे जाते हैं। बड़ी भारी बुराई यह है कि अपने को एक 'नये सम्प्रदाय' में समझ अहंकारवश वे कुछ सीखने का कभी नाम भी नहीं लेना चाहते और अपनी अनभिज्ञता को एक चलते नाम की ओट में छिपाना चाहते हैं। मैंने कई एक से उन्हीं की रचना लेकर कुछ प्रश्न किये, पर उनका मानसिक विकास बहुत साधारण कोटि का–कोई गम्भीर तत्त्व ग्रहण करने के अनुपयुक्त–पाया। ऐसों के द्वारा काव्य-क्षेत्र में भी, राजनैतिक क्षेत्र के समान, पाखण्ड के प्रचार की आशंका है। अतः आवश्यकता इस बात की है कि रहस्यवाद का प्रकृत स्वरूप और उसका इतिहास आदि साहित्य-सेवियों के सामने रखा जाये तथा पुराने और नये रहस्यवादी कवियों की रचनाओं की सूक्ष्म परीक्षा द्वारा रहस्यवाद की कविता के साहित्यिक स्वरूप की मीमांसा की जाये।

यहाँ तक तो सूर की सहृदयता की बात हुई। अब उनकी साहित्यिक निपुणता के सम्बन्ध में दो-चार बातें कहना आवश्यक है। किसी कवि की रचना के विचार के सुबीते के लिए हम दो पक्ष कर सकते हैं–हृदय-पक्ष और कला-पक्ष। हृदय-पक्ष का कुछ दिग्दर्शन हो चुका। अब सूर की कला-निपुणता के, काव्य के बाह्यांग के सम्बन्ध में यह समझ रखना चाहिए कि वह भी उनमें पूर्ण रूप से वर्तमान है। यद्यपि काव्य में हृदय-पक्ष ही प्रधान है, पर बहिरंग भी कम आवश्यक नहीं है। रीति, अलंकार, छन्द ये सब बहिरंग-विधान के अन्तर्गत हैं, जिनके द्वारा काव्यात्मा की अभिव्यक्ति होती है। सूर, तुलसी, बिहारी आदि कवियों में दोनों पक्ष प्रायः सम हैं। जायसी में हृदय-पक्ष की प्रधानता है, कला-पक्ष में (अलंकारों का बहुत-कुछ व्यवहार होते हुए भी) त्रुटि और न्यूनता है। केशव में कला-पक्ष ही प्रधान है, हृदय-पक्ष न्यून है।

यह तो आरम्भ में ही कहा जा चुका है कि सूर की रचना जयदेव और विद्यापति के गीतिकाव्यों की शैली पर है, जिसमें सुर और लय के सौन्दर्य और माधुर्य का भी रसपरिपाक में बहुत-कुछ योग रहता है। सूरसागर में कोई राग या रागिनी छूटी न होगी, इससे वह संगीत-प्रेमियों के लिए भी बड़ा भारी खजाना है। नाद-सौन्दर्य के साधनों में अनुप्रास आदि शब्दालंकार भी हैं। संस्कृत के गीतगोविन्द में कोमल-कान्त पदावली और अनुप्रास की ओर बहुत-कुछ ध्यान है। विद्यापति की रचना में कोमल पदावली का आग्रह तो है, पर अनुप्रास का उतना नहीं। सूर में चलती भाषा की कोमलता है, वृत्ति-विधान और अनुप्रास की ओर झुकाव कम है। इससे भाषा की स्वाभाविकता में बाधा नहीं पड़ने पायी है। भावुक सूर ने अपना 'शब्दशोधन' दूसरी ओर दिखाया है। उन्होंने चलते हुए वाक्यों, मुहावरों और कहीं-कहीं कहावतों का बहुत अच्छा प्रयोग किया है। कहने का तात्पर्य यह कि सूर की भाषा बहुत चलती हुई और स्वाभाविक है। काव्यभाषा होने से यद्यपि उसमें कहीं-कहीं संस्कृत के पद कवि के समय से पूर्व के परम्परागत प्रयोग तथा व्रज से दूर-दूर के प्रदेशों के शब्द भी आ मिले हैं, पर उनकी मात्रा इतनी नहीं है कि भाषा के स्वरूप में कुछ अन्तर पड़े या कृत्रिमता आये। श्लेष और यमक कूट पदों में ही अधिकतर पाये जाते हैं।

अर्थालंकारों की अलबत्ता पूर्ण प्रचुरता है, विशेषतः उपमा, रूपक, उत्प्रेक्षा आदि सादृश्यमूलक अलंकारों की। यद्यपि उपमान अधिकतर साहित्य-प्रसिद्ध और परम्परागत ही हैं, पर स्वकल्पित नये-नये उपमानों की भी कमी नहीं है। कहीं-कहीं तो जो प्रसिद्ध उपमान भी लिये गये हैं, वे प्रसंग के बीच बड़ी ही अनूठी उद्भावना के साथ बैठाये गये हैं। स्फटिक के आँगन में बालक कृष्ण घुटनों के बल चल रहे हैं और उनके हाथ-पैर का प्रतिबिम्ब पड़ता चलता है। इस पर कवि की उत्प्रेक्षा देखिये–

फटिक-भूमि पर कर-पग-छाया यह शोभा अति राजति।
करि करि प्रति पद प्रति मनो बसुधा कमल बैठकी साजति॥

रूप या अंगों की शोभा के वर्णन में उपमा, उत्प्रेक्षा की भरमार बराबर मिलेगी। इनमें बहुत-सी तो पुरानी और बँधी हुई हैं और कुछ नवीन भी हैं। उपमा और उत्प्रेक्षा की सबसे अधिकता 'हरिजू की बाल-छवि' के वर्णन में पायी जाती है; यों तो जहाँ-तहाँ रूप-वर्णन है सर्वत्र ये अलंकार भरे पड़े हैं। उपमान सब तरह के हैं, पृथ्वी पर के भी और पृथ्वी के बाहर के भी–सामान्य प्राकृतिक व्यापार भी और पौराणिक प्रसंग भी। पिछले प्रकार के उपमानों के उदाहरण इस प्रकार हैं–

(क) *नील स्वेत पर पीत लाल मनि लटकत माल रुराई।*
सनि, गुरु, असुर, देवगुरु मिलि मनो भौम सहित समुदाई॥

(ख) *हरि कर राजत माखन रोटी।*
मनौ बराह भूधर सब पृथ्वी धरी दसनन की कोटी॥

अंगशोभा और वेशभूषा आदि के वर्णन में सूर को उपमा देने की झक-सी चढ़ जाती है और ये उपमा पर उपमा, उत्प्रेक्षा पर उत्प्रेक्षा कहते जाते हैं। इस झक में कभी-कभी परिमिति या मर्यादा का विचार (Sense of Proportion) नहीं रह जाता, जैसे, ऊपर के उदाहरण (ख) में कहाँ मक्खन लगी हुई छोटी-सी रोटी और कहाँ गोल पृथ्वी ! हाँ, जहाँ ईश्वरत्व या देवत्व की भावना से किसी छोटे व्यापार द्वारा अत्यन्त बृहद् व्यापार की ओर संकेत मात्र किया है, वहाँ ऐसी बात नहीं खटकती; जैसे इस पद में–

मथत दधि मथनी टेकि रह्यौ।
आरि करत मटकी गहि मोहन बासुकि संभु डर्‌यौ॥
मंदर डरत, सिंधु पुनि काँपत फिरि जनि मथन करै।
प्रलय होय जनि गहे मथानी, प्रभु मर्याद टरै॥

पर उक्त दोनों उदाहरणों के सम्बन्ध में तो इतना बिना कहे नहीं रहा जाता कि ऐसे उपमान बहुत काव्योपयोगी नहीं जँचते। काव्य में ऐसे ही उपमान बहुत अच्छी सहायता पहुँचाते हैं जो सामान्यतः प्रत्यक्ष रूप में परिचित होते हैं और जिनकी भव्यता, विशालता या रमणीयता आदि का संस्कार जनसाधारण के हृदय पर पहले से जमा चला आता है। न शनि का कोयले-सा कालापन ही किसी ने आँखों देखा है, न वराह भगवान् का दाँत की नोक पर पृथ्वी उठाना। यह बात दूसरी है कि केशव ऐसे कुछ प्रसिद्ध कवियों ने भी 'भानु मनो शनि अंक लिए' ऐसी उत्प्रेक्षा की ओर रुचि दिखायी है।

हमारे कहने का यह तात्पर्य नहीं कि ज्ञान-विज्ञान के प्रसार से जो सूक्ष्म-से-सूक्ष्म और बृहत्-से-बृहत् क्षेत्र मनुष्य के लिए खुलते जाते हैं, उनके भीतर के नाना रमणीय और अद्भुत रूपों और व्यापारों का-जो सर्वसाधारण को प्रत्यक्ष नहीं है–काव्य में उपयोग करके उसके क्षेत्र का विस्तार न किया जाये। उनका प्रयोग किया जाये, कवि की प्रतिभा द्वारा वे गोचर रूप में सामने लाय जायें, पर दूसरे प्रकार की रचनाओं में

लाये जायें, केवल अंग, आभूषण आदि की उपमा के लिए नहीं। ज्योतिर्विज्ञान द्वारा खगोल के बीच न जाने कितने चक्कर खाते, बनते-बिगड़ते, रंग-बिरंग के पिण्डों, अपार ज्योति-समूहों आदि का पता लगा है जिनके सामने पृथ्वी किसी गिनती में नहीं। कोई विश्वव्यापिनी ज्ञान-दृष्टिवाला कवि यदि विश्व की कोई गम्भीर समस्या लेकर उसे काव्यरूप में रखना चाहता है तो वह इन सबको हस्तामलक बनाकर सामने ला सकता है।

सूरदास जी में जितनी सहृदयता और भावुकता है, प्रायः उतनी ही चतुरता और वाग्विदग्धता (Wit) भी है। किसी बात को कहने के न जाने कितने टेढ़े-सीधे ढंग उन्हें मालूम थे। गोपियों के वचन में कितनी विदग्धता और वक्रता भरी है। वचन-रचना की उस वक्रता के सम्बन्ध में आगे विचार किया जायेगा। यहाँ पर हम वैदग्ध्य के उस उपयोग का उल्लेख करना चाहते हैं, जो आलंकारिक कुतूहल उत्पन्न करने के लिए किया गया है। साहित्य-प्रसिद्ध उपमानों को लेकर सूर ने बड़ी-बड़ी क्रीड़ाएँ की हैं। कहीं उनको लेकर रूपकातिशयोक्ति द्वारा 'अद्भुत एक अनूपम बाग' लगाया है; कहीं जब जैसा जी चाहा, उन्हें संगत सिद्ध करके दिखा दिया है, कहीं असंगत। गोपियाँ वियोग में कुढ़कर एक स्थान पर कृष्ण के अंगों के उपमानों को लेकर उपमा को इस प्रकार न्यायसंगत ठहराती हैं—

ऊधो ! अब यह समुझि भई।
नंदनँदन के अंग अंग प्रति उपमा न्याय दई॥
कुंतल कुटिल भँवर भरि भाँवरि मालति भुरै लई।
तजत न गहरु कियो कपटी जब जानी निरस गई॥
आनन इंदुबरन सन्मुख तजि करखे तें न नई।
निरमोही नहिं नेह, कुमुदिनी अंतहिं हेम हई॥
तन घनश्याम सेई निसि बासर, रटि रसना छिजई।
सूर विवेकहीन चातक-मुख बूँदौ तौ न सई॥

इसी प्रकार दूसरे स्थान पर वे अपने नेत्रों के उपमानों को अनुपयुक्त ठहराती हैं—

उपमा एक न नैन गही।
कविजन कहत कहत चलि आए, सुधि करि करि काहू न कही।
कहे चकोर, मुख-बिधु बिनु जीवन; भँवर न तहँ उड़ि जात।
हरिमुख-कमलकोस बिछुरे तें ठाले क्यों ठहरात।
खंजन मनरंजन जन जौ पै, कबहुँ नाहिं सतरात।
पंख पसारि न उड़त, मंद है समर समीप बिकात।
आए, बधन, व्याध है ऊधो, जौ मृग क्यों न पलाय।
देखत भागि बसै घन बन में जहँ कोउ संग न धाय।

ब्रजलोचन बिनु लोचन कैसे? प्रति छिन अति दुख बाढ़त।
सूरदास मीनता कछू इक, जल भरि संग न छाँड़त।

दोनों उदाहरणों में उपमानों की उपयुक्तता और अनुपयुक्तता का जो आरोप किया गया है, वह हृदय के क्षोभ से उत्पन्न है, इसी से उसमें सरसता है, काव्य की योग्यता है। यदि कोई कठहुज्जती इन्हीं उपमानों को लेकर कहने लगे–"वाह ! नेत्र भ्रमर कैसे हो सकते हैं? भ्रमर होते तो उड़ न जाते। मृग कैसे हो सकते हैं ? मृग होते तो जमीन पर चौकड़ी न भरते।" तो उसके कथन में कुछ भी काव्यत्व न होगा।

उपमानों की आनन्द-दशा का वर्णन करके इसी प्रकार सूर ने अप्रस्तुत-प्रशंसा द्वारा राधा के अंगों और चेष्टाओं का विरह से द्युतिहीन और मन्द होना व्यंजित किया है–

तब तें इन सबहिन सचु पायो।
जब तें हरि संदेश तिहारो सुनत साँवरो आयो॥
फूले ब्याल दूर तें प्रगटे, पवन पेट भरि खायो।
ऊँचे बैठि बिहंग-सभा बिच कोकिल मंगल गायो॥
निकसि कंदरा ते केहरिहू माथे पूँछ हिलायो।
बनगृह तें गजराज निकसि कै अँग अँग गर्व जनायो॥

चेष्टाओं और अंगों का मन्द और श्रीहीन होना कारण है और उपमानों का आनन्दित होना कार्य है। यहाँ अप्रस्तुत कार्य के वर्णन द्वारा प्रस्तुत कारण की व्यंजना की गयी है। गोस्वामी तुलसीदास जी ने जानकी के न रहने पर उपमानों का प्रसन्न होना राम के मुख से कहलाया है–

कुंदकली, दाड़िम, दामिनी। कमल, सरद ससि, अहि-भामिनी॥
श्रीफल कनक कदलि हरषाहीं। नेकु न संक सकुच मन माहीं॥
सुन जानकी ! तोहि बिनु आजू। हरषे सकल पाइ जनु राजू॥

पर यहाँ उपमानों के आनन्द से केवल सीता के न रहने की व्यंजना होती है।

सूर की 'अप्रस्तुत-प्रशंसा' में उक्ति का चमत्कार भी कुछ विशेष है और रसात्मकता भी।

दूर की सूझ या ऊहावाले चमत्कारप्रधान पद भी सूर ने बहुत कहे हैं; जैसे–

(क) *दूर करहु बीना कर धरिबो।*
मोहे मृग नाहीं रथ हाँक्यो, नाहिंन होत चंद को ढरिबो॥

(ख) *मन राखन को बेनु लियो कर, मृग थाके उडुप्रति न चरै।*
अति आतुर है सिंह लिख्यो कर, जेहि भामिनी का करुन टरै॥

राधा मन बहलाने के लिए, किसी प्रकार रात बिताने के लिए वीणा लेकर बैठी। उस वीणा या वेणु के स्वर से मोहित होकर चन्द्रमा के रथ का हिरन अड़ गया और

चन्द्रमा के रुक जाने से रात और भी बढ़ गयी। इस पर घबराकर वे सिंह का चित्र बनाने लगीं जिससे मृग डरकर भाग जाये। जायसी के 'पद्मावत' में भी यह उक्ति ज्यों-की-त्यों आयी है–

गहे बीन मकु रैनि बिहाई। ससि-बाहन तहँ रहै ओनाई।
पुनि धनि सिंह उरेहै लागै। ऐसेहि बिथा रैनि सब जागै।

जायसी की पद्मावत विक्रम संवत् 1597 में बनी और सूरसागर संवत् 1607 के लगभग बन चुका था। अतः जायसी की रचना कुछ पूर्व ही मानी जायेगी। पूर्व की न सही, तो भी किसी एक ने दूसरे से यह उक्ति ली हो, इसकी सम्भावना नहीं। उक्ति सूर और जायसी दोनों से पुरानी है। दोनों ने स्वतन्त्र रूप में इसे कवि-परम्परा द्वारा प्राप्त किया।

कहीं-कहीं सूर ने कल्पना को अधिक बढ़ाकर या यों कहिये कि ऊहा का सहारा लेकर–जैसा पीछे बिहारी ने बहुत किया–वर्णन कुछ अस्वाभाविक कर दिया है। चन्द्र की दाहकता से चिढ़कर एक गोपी राधा से कहती है–

कर धनु लै किन चंदहिं मारि ?
तू हरुवाय जाय मंदिर चढ़ि ससि सन्मुख दर्पन बिस्तारि।
याही भाँति बुलाय, मुकुर महि अति बल खंड खंड करि डारि॥

गोपियों का विरहोन्माद कितना ही बढ़ा हो, पर उनकी बुद्धि बिलकुल बच्चों की-सी दिखाना स्वाभाविक नहीं जँचता। कविता में दूर की सूझ या चमत्कार ही सब-कुछ नहीं है।

पावस के घन-गर्जन आदि वियोगिनी को सन्तापदायक होते हैं, यह तो एक बँधी चली आती हुई बात है। सूर ने एक प्रसंग कल्पित करके इस बात को ऐसी युक्ति से रख दिया है कि इसमें एक अनूठापन आ गया है। कहते हैं कि पावस आने पर सखियाँ राधा को मालूम ही नहीं होने देतीं कि पावस आया है। वे और बातें बताकर उन्हें बहकाती रहती हैं–

बात बूझत यों बहरावति।
सुनहु श्याम ! वै सखी सयानी पावस ऋतु राधहिं न सुनावति।
घन गरजत तौ कहत कुसलमति गूँजत गुहा सिंह समुझावति।
नहिं दामिनि, द्रुम दवा सैल चढ़ि, फिरि बयारि उलटी झर लावति।
नाहिंन मोर बकत पिक दादुर, ग्वाल-मंडली खगन खेलावति॥

सुर को वचन-रचना की चतुराई और शब्दों की क्रीड़ा का भी पूरा शौक था। बीच-बीच में आये हुए कूट पद इस बात के प्रमाण हैं, जिनमें या तो अनेकार्थवाची शब्दों को लेकर या किसी एक वस्तु को सूचित करने के लिए अनेक शब्दों की लम्बी लड़ी जोड़कर खेलवाड़ किया गया है। सूर की प्रकृति कुछ क्रीड़ाशील थी। उन्हें कुछ

खेल-तमाशे का भी शौक था। लीला-पुरुषोत्तम के उपासक कवि में यह विशेषता होनी ही चाहिए। तुलसी के गम्भीर मानस में इस प्रवृत्ति का आभास नहीं मिलता। अपनी इसी शब्द-कौशल की प्रवृत्ति के कारण सूर ने व्यवहार के कुछ पारिभाषिक शब्दों को लेकर भी एकाध जगह उक्तियाँ बाँधी हैं; जैसे–

साँचो सो लिखवार कहावै।
काया-ग्राम मसाहत करि कै, जमा बाँधि ठहरावै।
मन्मथ करै कैद अपनी में, जान जहतिया लावै॥

काव्य में इस प्रकार की उक्तियाँ ठीक नहीं होतीं। आचार्यों ने 'अप्रतीतत्त्व' दोष के अन्तर्गत इस बात का संकेत दिया है। सूर भी एकाध ही जगह ऐसी उक्तियाँ लाये हैं; पर वे 'प्रेम फौजदारी' ऐसी पुस्तकों के लिए नमूने का काम दे गयी हैं।

●

गोस्वामी तुलसीदास

प्रबन्धकार कवि की भावुकता का सबसे अधिक पता यह देखने से चल सकता है कि बह किसी आख्यान के अधिक मर्मस्पर्शी स्थलों को पहचान सका है या नहीं। रामकथा के भीतर ये स्थल अत्यन्त मर्मस्पर्शी हैं–राम का अयोध्यात्याग और पथिक के रूप में वनगमन, चित्रकूट में राम और भरत का मिलन, शबरी का आतिथ्य, लक्ष्मण को शक्ति लगने पर राम का विलाप, भरत की प्रतीक्षा। इन स्थलों को गोस्वामी जी ने अच्छी तरह पहचाना है। इनका उन्होंने अधिक विस्तृत और विशद वर्णन किया है।

एक सुन्दर राजकुमार के-छोटे भाई और स्त्री को लेकर-घर से निकलने और वन-वन फिरने से अधिक मर्मस्पर्शी दृश्य क्या हो सकता है ? इस दृश्य का गोस्वामी जी ने मानस, कवितावली और गीतावली तीनों में अत्यन्त सहृदयता के साथ वर्णन किया है। गीतावली में तो इस प्रसंग के सबसे अधिक पद हैं। ऐसा दृश्य स्त्रियों के हृदय को अधिक स्पर्श करनेवाला, उनकी प्रीति, दया और आत्मत्याग को सबसे अधिक उभारनेवाला होता है, यह बात समझकर मार्ग में उन्होंने ग्रामवधुओं का सन्निवेश किया है। ये स्त्रियाँ राम-जानकी के अनुपम सौन्दर्य पर स्नेह-शिथिल हो जाती हैं। उनका वृत्तान्त सुनकर राजा की निष्ठुरता पर पछताती हैं; कैकेयी की कुचाल पर भला-बुरा कहती हैं। सौन्दर्य के साक्षात्कार से थोड़ी देर के लिए उनकी वृत्तियाँ कोमल हो जाती हैं, वे अपने को भूल जाती हैं। यह कोमलता उपकार बुद्धि की जननी है–

सीता लखन सहित रघुराई। गाँव निकट जब निकसहिं जाई॥
सुनि सब बाल बृद्ध नर नारी। चलहिं तुरत गृह काज बिसारी॥
राम लखन सिय रूप निहारी। पाइ नयन फलु होहिं सुखारी॥
सजल बिलोचन पुलक सरीरा। सब भए मगन देखि दोउ बीरा॥
रामहि देखि एक अनुरागे। चितवत चले जाहिं सँग लागे॥
एक देखि बट छाँह भलि डासि मृदुल तृन पात।
कहहिं गवाँइअ छिनुकु श्रमु गवनब अबहिं कि प्रात॥

राम-जानकी के अयोध्या से निकलने का दृश्य-वर्णन करने में गोस्वामी जी ने कुछ उठा नहीं रखा। सुशीलता के आगार रामचन्द्र प्रसन्नमुख निकलकर दास-दासियों को गुरु के सुपुर्द कर रहे हैं, सबसे वही करने की प्रार्थना करते हैं जिससे राजा का दुःख कम हो। उनकी सर्वभूतव्यापिनी सुशीलता ऐसी है कि उनके वियोग में पशु-पक्षी भी विकल हैं। भरत जी जब लौटकर अयोध्या आये, तब उन्हें सर-सरिताएँ भी श्रीहीन दिखायी पड़ीं, नगर भी भयानक लगा। भरत को यदि रामगमन का सँवाद मिल गया होता, तो हम इसे भरत के हृदय की छाया कहते। पर घर में जाने के पहले उन्हें कुछ भी वृत्त ज्ञात नहीं था। इससे हम सर-सरिता के श्रीहीन होने का अर्थ उनकी निर्जनता, उनका सन्नाटापन लेंगे। लोग रामवियोग में विकल पड़े हैं। सर-सरिता में जाकर स्नान करने का उत्साह उन्हें कहाँ ? पर यह अर्थ हमारे-आपके लिए है। गोस्वामी जी ऐसे भावुक महात्मा के निकट तो राम के वियोग में अयोध्या की भूमि विषादमग्न हो रही है; आठ-आठ आँसू रो रही है।

चित्रकूट में राम और भरत का जो मिलन हुआ है, वह शील और शील का, स्नेह और स्नेह का, नीति और नीति का मिलन है। इस मिलन से संघटित उत्कर्ष की दिव्य प्रभा देखने योग्य है। यह झाँकी अपूर्व है। 'भायप भगति' से भरे भरत नंगे पाँव राम को मनाने जा रहे हैं। मार्ग में जहाँ सुनते हैं कि यहाँ पर राम-लक्ष्मण ने विश्राम किया था, उस स्थल को देख आँखों में आँसू भर लेते हैं–

राम बास थल बिटप बिलोकें। उर अनुराग रहत नहिं रोके॥

मार्ग में लोगों से पूछते जाते हैं कि राम किस वन में हैं। जो कहता है कि हम उन्हें सकुशल देखे आते हैं, वह उन्हें राम-लक्ष्मण के समान ही प्यारा लगता है। प्रिय सम्बन्धी आनन्द के अनुभव की आशा देनेवाला एक प्रकार से उस आनन्द को जगानेवाला है–'उद्‌दीपन' है। सब माताओं से पहले राम कैकेयी से प्रेमपूर्वक मिले। क्यों ? क्या उसे चिढ़ाने के लिए ? कदापि नहीं। कैकेयी से प्रेमपूर्वक मिलने की सबसे अधिक आवश्यकता थी। अपना महत्त्व या सहिष्णुता दिखाने के लिए नहीं, उसके परितोष के लिए अपनी करनी पर कैकेयी को जो ग्लानि थी, वह राम ही के दूर किये हो सकती थी, और किसी के किये नहीं। उन्होंने माताओं से मिलते समय स्पष्ट कहा था–

अंब! ईस आधीन जगु काहु न देइअ दोषु।

कैकेयी को ग्लानि थी या नहीं, इस प्रकार के सन्देह का स्थान गोस्वामी जी ने नहीं रखा। कैकेयी की कठोरता आकस्मिक थी, स्वभावगत नहीं। स्वभावगत भी होती तो भी राम की सरलता और सुशीलता उसे कोमल करने में समर्थ थी।

लखि सिय सहित सरल दोउ भाई। कुटिल रानि पछितानि अघाई॥
अवनि जमहि जाचति कैकेई। महि न बीचु बिधि मीचु न देई॥

जिस समाज के शीलसन्दर्भ की मनोहारिणी छटा को देख वन के कोल-किरात मुग्ध होकर सात्त्विक वृत्ति में लीन हो गये, उसका प्रभाव उसी समाज में रहनेवाली कैकेयी पर कैसे न पड़ता ?

(क) *भए सब साधु किरात किरातिनि 'राम दरस मिटि गई कलुषाई'।*

(ख) *कोल किरात भिल्ल बनबासी। मधु सुचि सुंदर स्वादु सुधा सी॥*
भरि भरि परन पुटी रचि रूरी। कंद मूल फल अंकुर जूरी॥
सबहि देहिं करि बिनय प्रनामा। कहि कहि स्वाद भेद गुन नामा॥
देहिं लोग बहु, मोल न लेहीं। फेरत राम दोहाई देहीं॥

और सबसे पुलकित होकर कहते हैं–

तुम्ह प्रिय पाहुन बन पगु धारे। सेवा जोगु न भाग हमारे॥
देब काह हम तुम्हहि गोसाँई। ईंधनु पात किरात मिताई॥
यह हमारि अति बड़ि सेवकाई। लेहिं न बासन बसन चोराई॥
हम जड़ जीव जीव गन घाती। कुटिल कुचाली कुमति कुजाती॥
सपनेहुँ धरमबुद्धि कस काऊ। यह रघुनंदन दरस प्रभाऊ॥

उस पुण्य समाज के प्रभाव से चित्रकूट की रमणीयता में पवित्रता भी मिल गयी। उस समाज के भीतर नीति, स्नेह, शील, विनय, त्याग आदि के संघर्ष से जो धर्मज्योति फूटी, उससे आस-पास का सारा प्रदेश जगमगा उठा–उसकी मधुर स्मृति से आज भी वहाँ की वनस्थली परम पवित्र है। चित्रकूट की उस सभा की कार्रवाई क्या थी, धर्म के एक-एक अंग की पूर्ण और मनोहर अभिव्यक्ति थी। रामचरितमानस में वह सभा एक आध्यात्मिक घटना है। धर्म के इतने स्वरूपों की एकसाथ योजना, हृदय की इतनी उदात्त वृत्तियों की एक साथ उद्‌भावना, तुलसी के ही विशाल 'मानस' में सम्भव थी। यह सम्भावना उस समाज के भीतर बहुत-से भिन्न-भिन्न वर्गों के समावेश द्वारा संघटित की गयी है। राजा और प्रजा, गुरु और शिष्य, भाई और भाई, माता और पुत्र, पिता और पुत्री, श्वसुर और जामातृ, सास और बहू, क्षत्रिय और ब्राह्मण, ब्राह्मण और शूद्र, सभ्य और असभ्य के परस्पर व्यवहारों के उपस्थित प्रसंग के धर्मगाम्भीर्य और भावोत्कर्ष के कारण, अत्यन्त मनोहर रूप प्रस्फुटित हुआ। धर्म के उस स्वरूप को देख सब मोहित हो गये–क्या नागरिक, क्या ग्रामीण और क्या जंगली। भारतीय शिष्टता और सभ्यता का चित्र यदि देखना हो तो इस राज समाज में देखिये। कैसी परिष्कृत भाषा में कैसी प्रवचनपटुता के साथ प्रस्ताव उपस्थित होते हैं, किस गम्भीरता और शिष्टता के साथ बात का उत्तर दिया जाता है, छोटे-बड़े की मर्यादा का किस सरलता के साथ पालन होता है। सबकी इच्छा है कि राम अयोध्या को लौटें; पर उनके स्थान पर भरत वन को जायँ, यह इच्छा भरत को छोड़ शायद ही और किसी के मन में हो। अपनी प्रबल इच्छाओं को लिये हुए लोग सभा में बैठते हैं; पर वहाँ बैठते ही धर्म के स्थिर और गम्भीर स्वरूप के सामने उनकी व्यक्तिगत इच्छाओं का कहीं पता नहीं रह जाता। राजा के सत्यपालन से जो गौरव राजा और प्रजा दोनों को प्राप्त होता दिखायी दे रहा है, उसे खण्डित देखना ये नहीं चाहते। जनक, वशिष्ठ, विश्वामित्र आदि धर्मतत्त्व के पारदर्शी जो कुछ निश्चय कर दें, उसे वे कलेजे पर पत्थर रखकर मानने को तैयार हो जाते हैं।

इस प्रसंग में परिवार और समाज की ऊँची-नीची श्रेणियों के बीच कितने सम्बन्धों का उत्कर्ष दिखायी पड़ता है, देखिये–

(1) राजा और प्रजा का सम्बन्ध लीजिये। अयोध्या की सारी प्रजा अपना सब काम-धन्धा छोड़ भरत के पीछे राम के प्रेम में उन्हीं के समान मग्न चली जा रही है और चित्रकूट में राम के दर्शन से आह्लादित होकर चाहती है कि चौदह वर्ष यहीं काट दें।

(2) भरत का अपने बड़े भाई के प्रति जो अलौकिक स्नेह और भक्तिभाव यहाँ से वहाँ तक झलकता है, वह तो सबका आधार ही है।

(3) ऋषि या आचार्य के सम्मुख प्रगल्भता प्रकट होने के भय से भरत और राम अपना मत प्रकट करते सकुचाते हैं।

(4) राम सब माताओं से जिस प्रकार प्रेमभाव से मिले, वह उनकी शिष्टता का ही सूचक नहीं है, उनके अन्तःकरण की कोमलता और शुद्धता भी प्रकट करता है।

(5) विवाहिता कन्या को पति की अनुगामिनी देख जनक जी जो हर्ष प्रकट करते हैं–

पुत्रि! पवित्र किए कुल दोऊ। सुजस धवल जग कह सब कोऊ॥

(6) भरत और राम दोनों ही जनक को पिता के स्थान पर कहकर सब भार उन्हीं पर छोड़ते हैं।

(7) सीता जी अपने पिता के डेरे पर जाकर माता के पास बैठी हैं। इतने में रात हो जाती है और वे असमंजस में पड़ती हैं–

कहति न सीय सकुचि मन माहीं। इहाँ बसब रजनीं भल नाहीं॥

पति तपस्वी के वेश में भूशय्या पर रात काटे और पत्नी उससे अलग राजसी ठाट-बाट के बीच रहे, यही असमंजस की बात है।

(8) जब से कौशल्या आदि आयी हैं, तब से सीता बराबर उनकी सेवा में लगी रहती हैं।

(9) ब्राह्मण वर्ग के प्रति राजवर्ग के आदर और सम्मान का जैसा मनोहर स्वरूप दिखायी पड़ता है, वैसी ही ब्राह्मण वर्ग में राज्य और लोक के हितसाधन की तत्परता झलक रही है।

(10) केवट के दूर से ऋषि को प्रणाम करने और ऋषि का उसे आलिंगन करने में उभय पक्ष का व्यवहारसौष्ठव प्रकाशित हो रहा है।

(11) वन्य कोल-किरातों के प्रति सबका कैसा मृदुल और सुशील व्यवहार है।

कवि की पूर्ण भावुकता इसमें है कि वह प्रत्येक मानवस्थिति में अपने को डालकर उसके अनुरूप भाव का अनुभव करे। इस शक्ति की परीक्षा का रामचरित से बढ़कर विस्तृत क्षेत्र और कहाँ मिल सकता है। जीवनस्थिति के इतने भेद और कहाँ दिखायी पड़ते हैं। इस क्षेत्र में जो कवि सर्वत्र पूरा उतरता दिखायी पड़ता है, उसकी भावुकता को और कोई नहीं पहुँच सकता। जो केवल दाम्पत्य रति ही में

अपनी भावुकता प्रकट कर सकें या वीरोत्साह ही का अच्छा चित्रण कर सकें, वे पूर्ण भावुक नहीं कहे जा सकते। पूर्ण भावुक वे ही हैं, जो जीवन की प्रत्येक स्थिति के मर्मस्पर्शी अंश का साक्षात्कार कर सकें और उसे श्रोता या पाठक के सम्मुख अपनी शब्दशक्ति द्वारा प्रत्यक्ष कर सकें। हिन्दी के कवियों में इस प्रकार की सर्वांगपूर्ण भावुकता हमारे गोस्वामी जी में ही है जिसके प्रभाव से रामचरितमानस उत्तरीय भारत की सारी जनता के गले का हार हो रहा है। वात्सल्य भाव का अनुभव करके पाठक तुरन्त बालक राम-लक्ष्मण के प्रवास का उत्साहपूर्ण जीवन देखते हैं जिसके भीतर आत्मावलम्बन का विकास होता है। फिर आचार्यविषयक रति का स्वरूप देखते हुए वे जनकपुर जाकर सीता-राम के परम पवित्र दाम्पत्यभाव के दर्शन करते हैं। इसके उपरान्त अयोध्यात्याग के करुण दृश्य के भीतर भाग्य की अस्थिरता का कटु स्वरूप सामने आता है। तदनन्तर पथिक वेशधारी राम-जानकी के साथ-साथ चलकर पाठक ग्रामीण पुरुषों के उस विशुद्ध सात्त्विक प्रेम का अनुभव करते हैं जिसे हम दाम्पत्य, वात्सल्य आदि विशेषण नहीं दे सकते, पर जो मनुष्यमात्र में स्वाभाविक है।

रमणीय वन पर्वत के बीच एक सुकुमारी राजवधू को साथ लिये दो वीर आत्मावलम्बी राजकुमारों को विपत्ति के दिनों को सुख के दिनों में परिवर्तित करते पाकर वे 'वीरभोग्या वसुन्धरा' की सत्यता हृदयंगम करते हैं। सीताहरण पर विप्रलम्भ शृंगार का माधुर्य देखकर पाठक फिर लंकादहन के अद्‌भुत, भयानक और वीभत्स दृश्य का निरीक्षण करते हुए राम-रावण युद्ध के रौद्र और युद्धवीर तक पहुँचते हैं। शान्तरस का पुट तो बीच-बीच में बराबर मिलता ही है। हास्यरस का पूर्ण समावेश रामचरितमानस के भीतर न करके नारद-मोह के प्रसंग में उन्होंने किया है। इस प्रकार काव्य के गूढ़ और उच्च उद्‌देश्य को समझनेवाले, मानव-जीवन के सुख और दुःख दोनों पक्षों के नाना रूपों के मर्मस्पर्शी चित्रण को देखकर, गोस्वामी जी के महत्त्व पर मुग्ध होते हैं; और स्थूल बहिरंग दृष्टि रखनेवाले भी, लक्षण ग्रन्थों में गिनाये हुए नव रसों और अलंकारों पर अपना आह्लाद प्रकट करते हैं।

यहाँ पर कहा जा सकता है कि गोस्वामी जी मनुष्य-जीवन की बहुत अधिक परिस्थितियों का जो सन्निवेश कर सके, वह रामचरित की विशेषता के कारण। इतने अधिक प्रकार की मानवदशाओं का सन्निवेश अपने आप हो गया। ठीक है पर उन सब दशाओं का यथातथ्य चित्रण बिना हृदय की विशालता, भाव प्रसार की शक्ति, मर्मस्पर्शी स्वरूपों की उद्‌भावना और शब्दशक्ति की सिद्धि के नहीं हो सकता। मानवप्रकृति के जितने अधिक रूपों के साथ गोस्वामी जी के हृदय का रागात्मक सामंजस्य हम देखते हैं, उतना अधिक हिन्दी भाषा के और किसी कवि के हृदय का नहीं। यदि कहीं सौन्दर्य है तो प्रफुल्लता, शक्ति है तो प्रणति, शील है तो हर्षपुलक, गुण है तो आदर, पाप है तो घृणा, अत्याचार है तो क्रोध, अलौकिकता है तो विस्मय, पाखण्ड है तो कुढ़न, शोक है तो करुणा, आनन्दोत्सव है तो उल्लास, उपकार है तो कृतज्ञता, महत्त्व है तो दीनता, तुलसीदास जी के हृदय में बिम्ब-प्रतिबिम्ब भाव से विद्यमान है।

गोस्वामी जी की भावात्मक सत्ता का अधिक विस्तार स्वीकार करते हुए भी यह पूछा जा सकता है कि क्या उनके भावों में पूरी गहराई या तीव्रता भी है? यदि तीव्रता न होती, भावों का पूर्ण उद्रेक उनके वचनों में न होता, तो वे इतने सर्वप्रिय कैसे होते ? भावों के साधारण उद्गार से ही सबकी तृप्ति नहीं हो सकती। यह बात अवश्य है कि जो भाव सबसे अधिक प्रकृतिस्थ है, उसकी व्यंजना सबसे अधिक गूढ़ और ठीक है। जो प्रेमभाव अत्यन्त उत्कर्ष पर पहुँचा हुआ उन्होंने प्रकट किया है, वह अलौकिक है, अविचल है और अनन्य है। वह घन और चातक का प्रेम है।

एक भरोसो, एक बल, एक आस विश्वास।
एक राम घनस्याम हित, चातक तुलसीदास॥

अपना उद्देश्य वह आप ही है। उसकी प्यास, उसकी उत्कण्ठा सदा बनी रहे, इसी में उसकी मर्यादा है; इसी में उसका महत्त्व है—

चातक तुलसी के मते, स्वातिहु पियै न पानि।
प्रेम तृषा बाढ़ति भली, घटे घटैगी आनि॥

प्रिय के लाख दुर्व्यवहार से भी वह हटनेवाला नहीं है—

बरिषि परुष पाहन पयद पंख करौ टुक टूक।
तुलसी परी न चाहिए चतुर चातकहिं चूक॥
उपल बरषि गरजत तरजि, डारत कुलिस कठोर।
चितव कि चातक मेघ तजि, कबहुँ दूसरी ओर॥

वह मेघ के लोकहितकर स्वरूप के प्रति आप-से-आप है—वह जगत् के हित को देखकर है—

जीव चराचर जहँ लगे हैं सबको हित मेह।
तुलसी चातक मन बस्यौ घन सों सहज सनेह॥

जगत् में सब अपने सुख के लिए अनेक साधन और यत्न करते हैं और फल-प्राप्ति से सुखी होते हैं। फिर चातक और मेघ का यह प्रेम कैसा है जिसके भीतर न किसी सुख का साधन है, न फल की चाह! यह ऐसा ही कुछ है—

साधन साँसति सब सहत, सबहिं सुखद फल लाहु।
तुलसी चातक जलद की, रीझि बूझि बुध काहु॥

चातक को मेघ का जीवों को सुख देना अत्यन्त प्रिय लगता है। वह जो बारहों महीने चिल्लाता रहता है, सो अधिकतर प्रिय के इस सुखदायक मनोहर रूप के दर्शन के लिए, केवल स्वाती के बूँदों के लिए नहीं—

जाँचै बारह मास पियै पपीहा स्वाति जल।

उसकी याचना के भीतर जगत् की याचना है, अतः इस याचना से उसका मान है। इस माँगने को वह अपना माँगना नहीं समझता—

नहिं जाँचत नहिं संग्रही सीस नाइ नहिं लेइ।
ऐसे मानी माँगनेहि को बारिद बिनु देइ॥

अब इस प्रेम की अनन्यता का स्वरूप देखिये–

चरग चंगुगत चातकहिं, नेम प्रेम को पीर।
तुलसी परबस हाड़ पर, परिहै पुहमी नीर॥
बध्यो बधिक, पर्‌यो पुन्यजल, उलटि उठाई चोंच।
तुलसी चातक प्रेम-पट, मरतहुँ लगी न खोंच॥

चातक का प्रिय लोकसुखदायी है। उसका मेघ सचमुच बड़ा है और सबके ल़िए बड़ा है। अतः चातक के प्रेम के भीतर महत्त्व कीं आनन्दमयी स्वीकृति छिपी हुई है। इस महत्त्व के सम्मुख वह जो दीनता प्रकट करता है, वह सच्ची दीनता है, हृदय के भीतर अनुभव की हुई दीनता है, प्रेम की दीनता है। किसी के महत्त्व की सच्ची अनुभूति से उत्पन्न दीनता से भिन्न दीनता को लोभ, भय आदि का बदला हुआ रूप समझिये। जिससे बड़ा चातक और किसी को नहीं समझता, उसे छोड़ यदि और किसी के सामने वह दीनता प्रकट करे तो उसकी दीनता की सच्चाई में फर्क आ जाय, उसके प्रेम की अनन्यता भंग हो जाय। जो आज एक से कहता है कि, "आपसे न माँगें तो और किससे माँगने जायेंगे ?" और कल दूसरे से, वह उस दैन्य तक पहुँचा ही नहीं सकता जो भक्ति का अंग है। जिस महत्त्व के प्रति सच्ची दीनता प्रकट की जाती है, उसका कुछ आभास लोक को उस दीनता में दिखायी पड़ता है–

तीन लोक तिहुँ काल जस, चातक ही के माथ।
तुलसी जासु न दीनता, सुनी दूसरे नाथ॥

इस प्रेम के सम्बन्ध में ध्यान देने की बात यह है कि यह समान के प्रति नहीं है, अपने से बड़े या ऊँचे के प्रति है। गोस्वामी जी अपने से बड़े या छोटे के साथ प्रेम करने को समान के साथ प्रेम करने से अच्छा समझते हैं–

कै लघु कै बड़ मीत भल, सम सनेह दुख सोइ।
तुलसी ज्यों घृत मधु सरिस, मिले महाबिष होइ॥

इससे उनका भीतरी अभिप्राय यह है कि छोटे-बड़े के सम्बन्ध में धर्मभाव अधिक है। यदि प्रिय हमसे छोटा है तो उस पर जो हमारा प्रेम होगा, वह दया, दाक्षिण्य, अनुकम्पा, साहाय्य इत्यादि वृत्तियों को उभारेगा, यदि प्रिय हमसे बड़ा है, तो उस पर आलम्बित प्रेम, श्रद्धा, सम्मान, दैन्य, नम्रता, संकोच, कृतज्ञता, आज्ञाकारिता इत्यादि को जाग्रत करेगा। इसमें तो कुछ कहना ही नहीं कि हमारे गोस्वामी जी का प्रेम दूसरे प्रकार का था–वह पूज्यबुद्धिगर्भित होकर भक्ति के रूप में था। उच्चता की जैसी प्राप्ति उच्च को आत्मसमर्पण करने से हो सकती है, वैसी समान को आत्मसमर्पण करने से नहीं। यह तो पहले ही दिखाया जा चुका है कि शील बाबा जी द्वारा निरूपित भक्ति के आलम्बन के स्वरूप के–आभ्यन्तर स्वरूप के सही–अन्तर्गत है। भक्ति और शील की परस्पर स्थिति ठीक उसी प्रकार बिम्ब-प्रतिबिम्ब भाव से है जिस प्रकार आश्रय और आलम्बन की। और आगे चलिये तो आश्रय और आलम्बन की

परस्पर स्थिति भी ठीक वही मिलती है, जो ज्ञाता और ज्ञेय की है। हमें तो ऐसा दिखायी पड़ता है कि ज्ञान क्षेत्र में जो ज्ञाता और ज्ञेय है, वही भाव क्षेत्र में आश्रय और आलम्बन है। ज्ञान की जिस चरम सीमा पर जाकर ज्ञाता और ज्ञेय एक हो जाते हैं, भाव की उसी चरम सीमा पर जाकर आश्रय और आलम्बन भी एक हो जाते हैं। शील और भक्ति का अभेद देखने पर इतना विवेचन बहुत है।

दाम्पत्य प्रेम का दृश्य भी गोस्वामी जी ने बहुत ही सुन्दर दिखाया है, पर बड़ी ही मर्यादा के साथ। नायिकाभेदवाले कवियों का-सा या कृष्ण की रासलीला के रसिकों का-सा लोकमर्यादा का उल्लंघन उसमें कहीं नहीं है। सीताराम के परम पुनीत प्रणय की जो प्रतिष्ठा उन्होंने मिथिला में की, उसकी परिपक्वता जीवन की भिन्न-भिन्न दशाओं के बीच पति-पत्नी के सम्बन्ध की उच्चता और रमणीयता संघटित करती दिखलायी देती है। अभिषेक के स्थान पर राम को वन जाने की आज्ञा मिलती है। आनन्दोत्सव का सारा दृश्य करुण दृश्य में परिणत हो जाता है। राम वन जाने को तैयार हैं और वन के क्लेश बताते हुए सीता को घर रहने के लिए कहते हैं। इस पर सीता कहती हैं–

बन दुख नाथ कहे बहुतेरे। भय बिषाद परिताप घनेरे॥
प्रभु बियोग लवलेस समाना। सब मिलि होहिं न कृपानिधाना॥
कुस किसलय साथरी सुहाई। प्रभु सँग मंजु मनोज तुराई॥
कंद मूल फल अमिअ अहारू। अवध सौध सत सरिस पहारू॥
मोहि मग चलत न होइहि हारी। छिनु छिनु चरन सरोज निहारी॥
पाय पखारि बैठि तरु छाहीं। करिहउँ बाउ मुदित मन माहीं॥
बार बार मृदु मूरति जोही। लागिहि तात बयारि न मोही॥

दुःख की परिस्थिति में सुख की इस कल्पना के भीतर हम जीवन-यात्रा के श्रान्त पथिक के लिए प्रेम की शीतल सुखद छाया देखते हैं। यह प्रेम-मार्ग निराला नहीं है, जीवन-यात्रा के मार्ग से अलग होकर जानेवाला नहीं है। यह प्रेम कर्मक्षेत्र से अलग नहीं करता, उसमें बिखरे हुए काँटों पर फूल बिछाता है। राम-जानकी को नंगे पाँव चलते देख ग्रामवासी कहते हैं–

जौ जगदीस इन्हहिं बनु दीन्हा। कस न सुमनमय मारगु कीन्हा॥

थोड़ी दूर साथ चलकर उन्होंने देख लिया होगा कि उनका मार्ग 'सुमनमय' ही है। प्रेम के प्रभाव से जंगल में भी मंगल था। सीता को तो सहस्रों अयोध्याओं का सुख वहाँ मिल रहा था–

नाह नेह नित बढ़त बिलोकी। हरषित रहति दिवस जिमि कोकी॥
सिय मन राम चरन अनुरागा। अवध सहस सम बनु प्रिय लागा॥
परनकुटी प्रिय प्रियतम संगा। प्रिय परिवार कुरंग बिहंगा॥
सासु ससुरसम मुनितिय मुनिबर। असन अमिय सम कंद मूल फर॥

अयोध्या से अधिक सुख का रहस्य क्या है? प्रिय के साथ सहयोग के अधिक अवसर। अयोध्या में सहयोग और सेवा के इतने अवसर कहाँ मिल सकते थे? जीवन-यात्रा की स्वाभाविक आवश्यकताओं की पूर्ति वन में अपने हाथों से करनी पड़ती थी। कुटी छाना, स्थान स्वच्छ करना, जल भर लाना, ईंधन और कन्दमूल इकट्ठा करना इत्यादि वहाँ के नित्य जीवन के अंग थे। ऐसे प्राकृतिक जीवन में प्रेम का जो विकास हो सकता है, वह कृत्रिम जीवन में दुर्लभ है। प्रिय के प्रयत्नों में ऐसे ही स्वाभाविक सहयोग की अभिलाषिणी एक ग्रामीण नायिका कहती है–

आगि लागि घर जरिगा, बड़ सुख कीन।
पिय के हाथ घइलवा, भरि भरि दीन॥

दूसरा कारण इस सुख का था हृदय का प्रकृति के अनेक रूपों के साथ सामंजस्य, जिसके प्रभाव से 'कुरंग बिहंग' अपने परिवार के भीतर जान पड़ते थे। उस जगज्जननी जानकी का हृदय ऐसा न होगा तो और किसका होगा जिसे एक स्थान पर लगाये हुए फूल-पौधों को छोड़कर अन्य स्थान पर जाते हुए भी दुःख होता था।

सीता जी द्वारा शृंगार के संचारी भाव 'ब्रीड़ा' की व्यंजना के लिए कैसा उपयुक्त अवसर चुना गया है ! वन के मार्ग में ग्रामीण स्त्रियाँ राम की ओर लक्ष्य करके सीता से पूछती हैं कि ये तुम्हारे कौन हैं। इस पर सीता कहती हैं–

तिन्हहि बिलोकि बिलोकति धरनी। दुहुँ सँकोच सकुचति बरबरनी॥

'बिलोकति धरनी' कितनी स्वाभाविक मुद्रा है! 'दुहुँ सँकोच' द्वारा कवि ने सीता के हृदय की कोमलता और अभिमानशून्यता भी कैसे ढंग से व्यंजित कर दी है। एक तो राम को खुले शब्दों में अपना पति कहने में संकोच; दूसरा संकोच यह समझकर कि यदि इन भोली-भाली स्त्रियों को कोई उत्तर न दिया जायगा, तो ये मन में दुःखी होंगी और मुझे अभिमानिनी समझेंगी।

इसके आगे सीता जी में शृंगारी चेष्टाओं का विधान भी अत्यन्त निपुणता और भावुकता के साथ गोस्वामी जी ने किया है–

बहुरि बदनु बिधु अंचल ढाँकी। पिय तन चितै भौंह करि बाँकी॥
खंजन मंजु तिरीछे नैननि। निज पति कहेउ तिन्हहिं सिय सैननि॥

यदि आम रास्ते पर राम के साथ बातचीत करने में ये चेष्टाएँ दिखायी जातीं तो कुलवधू की मर्यादा का भंग होता और कोई विशेष निपुणता की बात न होती, रूढ़ि का अनुसरणमात्र होगा। पर बीच में उन स्त्रियों को डाल देने से एक परदा तो खड़ा हो गया और अधिक स्वाभाविकता भी आ गयी। सीता में ये चेष्टाएँ अपने साथ राम के सम्बन्ध की भावना द्वारा उत्पन्न दिखायी पड़ती हैं। यदि राम-सीता के परस्पर व्यवहार में ये चेष्टाएँ दिखायी जातीं तो 'सम्भोग शृंगार' का खुला वर्णन हो जाता, जो गोस्वामी जी ने कहीं नहीं किया है।

अब प्रश्न यह है कि ये चेष्टाएँ 'अनुभाव' होंगी या विभावान्तर्गत 'हाव'। हिन्दी के लक्षण ग्रन्थों में 'हाव' प्रायः 'अनुभाव' के अन्तर्गत रखे मिलते हैं। पर यह ठीक नहीं है। 'अनुभाव' के अन्तर्गत केवल आश्रय की चेष्टाएँ आ सकती हैं। 'आश्रय' की चेष्टाओं का उद्देश्य किसी भाव की व्यंजना करना होता है। पर 'हावों' का सन्निवेश किसी भाव की व्यंजना कराने के लिए नहीं होता, बल्कि नायिका का मोहक प्रभाव बढ़ाने के लिए, अर्थात् उसकी रमणीयता की वृद्धि के लिए होता है। जिसकी रमणीयता या चित्ताकर्षकता का वर्णन या विधान किया जाता है, वह 'आलम्बन' होता है। अतः 'हाव' नामक चेष्टाएँ आलम्बनगत ही मानी जायेंगी और आलम्बनगत होने के कारण उनका स्थान 'विभाव' के अन्तर्गत ही ठहरता है।

अब विचार करना चाहिए कि सीता जी की उक्त चेष्टाएँ 'अनुभाव' होंगी या 'हाव'। लक्षण के अनुसार 'सम्भोगेच्छा प्रकाशक भ्रूनेत्रादिविकार' ही 'हाव' कहलाते हैं। पर सीता जी के विकार इस प्रकार के नहीं हैं। वे विकार राम के साथ अपने सम्बन्ध की भावना से उत्पन्न हैं और उनके प्रति प्रेम की व्यंजना करते हैं। इस प्रकार आश्रय की चेष्टाएँ होने के कारण वे विकार 'अनुभाव' ही होंगे।

सीताहरण होने पर इस प्रेम को हम एक ऐसे मनोहर क्षेत्र का द्वार खोलते हुए पाते हैं, जिसमें बल और पराक्रम अपनी चरमावस्था को पहुँचकर अनीति और अत्याचार का ध्वंस कर देता है। वन में सीता का वियोग चारपाई पर करवटें बदलनेवाला प्रेम नहीं है—चार कदम पर मथुरा गये हुए गोपाल के लिए गोपियों को बैठे-बैठे रुलानेवाला वियोग नहीं है, झाड़ियों में थोड़ी देर के लिए छिपे हुए कृष्ण के निमित्त राधा की आँखों से आँसुओं की नदी बहानेवाला वियोग नहीं है—वह राम को निर्जन वनों और पहाड़ों में घुमानेवाला, सेना एकत्र करानेवाला, पृथ्वी का भार उतारनेवाला वियोग है। इस वियोग की गम्भीरता के सामने सूरदास द्वारा अंकित वियोग अतिशयोक्तिपूर्ण होने पर भी बालक्रीड़ा-सा लगता है।

हनुमान् के प्रकट होने के पहले जानकी उद्विग्न होकर कह रही थीं—

पावकमय ससि स्रवत न आगी। मानहुँ मोहि जानि हतभागी॥
सुनहि बिनय मम बिटप असोका। सत्य नाम करु हरु मम सोका॥
नूतन किसलय अनल समाना। देहि अगिनि जनि करहि निदाना॥

इतना कहते ही हनुमान् का मुद्रिका गिराना और सीता का उसे अंगार समझकर हाथ में लेना, यह सब तो गोस्वामी जी ने प्रसन्नराघव नाटक से लिया है। हनुमान् को सामने पाकर सीता उसी मर्यादा के साथ अपने वियोगजनित दुःख की व्यंजना करती हैं जिस मर्यादा के साथ माता पुत्र के सामने कर सकती है। वे पहले 'अनुज सहित' राम का (अकेले राम का नहीं) कुशल पूछती हैं, फिर कहती हैं—

कोमलचित कृपाल रघुराई। कपि केहि हेतु धरी निठुराई॥
सहज बानि सेवक सुखदायक। कबहुँक सुरति करत रघुनायक॥
कबहुँ नयन मम सीतल ताता। होइहहिं निरखि स्याम मृदु गाता॥

प्रिय के कुशलमंगल के हेतु व्यग्रता भारतीय ललनाओं के वियोग का प्रधान लक्षण है। प्रिय सुख में है या दुःख में है, यह संशय विरह में दया का करुण भाव का हलका-सा मेल कर देता है, भारत की कुलवधू का विरह आवारा आशिकों, माशूकों का विरह नहीं है, वह जीवन के गाम्भीर्य को लिये हुए रहता है। यह वह विरह नहीं है, जिसमें विरही अपना ही जलना और मरना देखता है, प्रिय मरता है कि जीता है, इससे कोई मतलब नहीं।

पवित्र दाम्पत्य रति की कैसी मनोहर व्यंजना उन्होंने सीता द्वारा उस समय करायी है जिस समय ग्रामवनिताओं ने मार्ग में राम को दिखाकर उनसे पूछा था कि, "ये तुम्हारे कौन हैं ?"

कोटि मनोज लजावनिहारे। सुमुखि कहहु को आहिं तुम्हारे॥
सुनि सनेहमय मंजुल बानी। सकुचि सीय मन महँ मुसुकानी॥
तिन्हहिं बिलोकि बिलोकति धरनी। दुहुँ सँकोच सकुचति बरबरनी॥
सकुचि सप्रेम बालमृगनयनी। बोली मधुर बचन पिकबयनी॥
सहज सुभाय सुभग तन गोरे। नाम लखन लघु देवर मोरे॥
बहुरि बदन बिधु अंचल ढाँकी। पिय तन चितै भौह करि बाँकी॥
खंजन मंजु तिरीछे नैननि। निज पति कहेउ तिन्हहि सियँ सैननि॥

कुलवधू की इस अल्प व्यंजना में जो गौरव और माधुर्य है, वह उद्धत प्रेम-प्रलाप में कहाँ ?

शोक का चित्रण भी गोस्वामी जी ने अत्यन्त हृदयद्रावक पद्धति से किया है। शोक के स्थल तुलसीदासवर्णित रामचरित में दो हैं—एक तो अयोध्या में राम-वनगमन का प्रसंग और दूसरा लंका में लक्ष्मण को शक्ति लगने का। राम के वन जाने पर जो दुःख फैला, वह शोक ही माना जायेगा; वह प्रिय का प्रवासजन्य दुःख नहीं। अभिषेक के समय वनवास बड़े दुःख की बात है—

कैकयनंदिनि मंदमति कठिन कुटिलपनु कीन्ह॥
जेहिं रघुनंदन जानकिहिं सुख अवसर दुख दीन्ह॥

अतः परिजनों और प्रजा का दुःख राम की दुःखदशा को समझकर भी था, केवल राम का अलग होना देखकर नहीं—

राम चलत अति भएउ बिषादू। सुनि न जाइ पुर आरतनादू॥

वह विषाद (जो शोक का संचारी है) और वह आर्त्तनाद शोकसूचक है। प्रिय के दुःख या पीड़ा पर जो दुःख हो, वह शोक है; प्रिय के कुछ दिनों के लिए वियुक्त होने मात्र का जो दुःख हो, वह विरह है। अतः राम के इस दुःखमय प्रवास पर जो दुःख लोगों को हुआ, वह शोक और वियोग दोनों है।

'तुलसी राम बियोगसोक बस समुझत नहिं समुझाए।'

में वियोगी और शोकसूचक वाक्य यद्यपि मिले हुए हैं, पर हम चाहें तो उन्हें अलग करके भी देख सकते हैं। शुद्ध वियोग–

जब जब भवन बिलोकति सूनो।
तब तब बिकल होति कौसल्या[1], *दिन दिन प्रति दुख दूनो।*
को अब प्रात कलेऊ माँगत, रूठि चलैगो माई?
स्याम-तामरस नयन स्रवत जल काहि लेउँ उर लाई?

शोक या करुणा की व्यंजना इस प्रकार के वाक्यों में समझिये–

मृदु मूरति सुकुमार सुभाऊ। ताति बाउ तन लाग न काऊ॥
ते बन बसहिं बिपति सब भाँती। निदरे कोटि कुलिस सहि छाती॥
राम सुना दुख कान न काऊ। जीवन तरु जिमि जोगवइ राऊ॥
ते अब फिरत बिपिन पदचारी। कंद मूल फल फूल अहारी॥

दशरथ के मरण पर यह शोक अपनी पूर्ण दशा पर पहुँच जाता है। उस समय की अयोध्या की दशा के वर्णन में पाठकों को करुणा की ऐसी धारा दिखायी पड़ती है, जिसमें पुरवासियों के साथ वे भी मग्न हो जाते हैं–

लागति अवध भयावनि भारी। मानहुँ कालराति अँधियारी॥
घोर जंतु सम पुर नर नारी। डरपहिं एकहि एक निहारी॥
घर मसान, परिजन जनु भूता। सुत हित मीत मनहुँ जमदूता॥
बागन्ह बिटप बेलि कुम्हिलाहीं। सरित सरोवर देखि न जाहीं॥
बिधि कैकयी किरातिनि कीन्हीं। जहि दव दुसह दसहुँ दिसि दीन्हीं॥
सहि न सके रघुबर बिरहागी। चले लोग सब व्याकुल भागी॥
करि बिलाप सब रोवहिं रानी। महाबिपति किमि जाइ बखानी॥
सुनि बिलाप दुखहू दुख लागा। धीरजहू कर धीरज भागा॥

गोस्वामी जी द्वारा चित्रित राजकुल का यह शोक ऐसा शोक है जिसके भागी केवल पुरवासी ही नहीं, मनुष्यमात्र हो सकते हैं, क्योंकि यह ऐसे आलम्बन के प्रति है, जिसके थोड़े से दुःख को भी देख मनुष्य कहलानेवाले मात्र न सही तो मनुष्यता रखनेवाले सब करुणार्द्र हो सकते हैं।

दूसरा करुण दृश्य लक्ष्मण को शक्ति लगने पर राम का विलाप है। इस विलाप के भीतर शोक की व्यंजना अत्यन्त स्वाभाविक रीति से की गयी है। उसके प्रवाह में एक क्षण के लिए सारे नियम, व्रत, सारी दृढ़ता बही जाती-सी दिखायी देती है–

जौ जनतेउँ बन बंधु बिछोहू। पिता बचन मनतेउँ नहिं ओहू॥

भाव दशा का तात्पर्य न समझनेवाले, नीति के नाम पर पाखण्ड धारण करनेवाले, इसे चरित्रग्लानि समझेंगे या कहेंगे। पर ऐसे प्रिय बन्धु का शोक, जिसने एक क्षण के लिए भी विपत्ति में साथ न छोड़ा, यदि एक क्षण के लिए सब बातों का विचार

---

1. यद्यपि वनगमन के समय राम इतने बच्चे न थे, पर वात्सल्य दिखाने के लिए गोस्वामी जी ने कौशल्या के मुख से ऐसा ही कहलाया है।

छुड़ा देनेवाला न होता तो राम के हृदय की यह कोमलता कहाँ दिखायी पड़ती जो भक्तों की आशा का अवलम्बन है? यह कोमलता, यह सहृदयता सब प्रकार के नियमों से परे है। नियमों से निराश होकर, 'कर्मवाद' की कठोरता से घबराकर, परोक्ष 'ज्ञान' और परोक्ष 'शक्ति' मात्र से पूरा पड़ता न देखकर ही तो मनुष्य परोक्ष 'हृदय' की खोज में लगा और अन्त में भक्तिमार्ग में जाकर उस परोक्ष 'हृदय' को उसने पाया। भक्त लोगों का ईश्वर अविचल नियमों की समष्टिमात्र नहीं है; वह क्षमा, दया, उदारता इत्यादि का अनन्त समुद्र है। लोक में जो कुछ क्षमा, दया, उदारता दिखायी देती है, वह उसी समुद्र का एक बिन्दु है।

'आत्मग्लानि' का जैसा पवित्र और सच्चा स्वरूप गोस्वामी जी ने दिखाया है, वैसा शायद ही किसी कवि ने कहीं दिखाया हो। आत्मग्लानि का उदय शुद्ध और सात्त्विक अन्तःकरण में ही हो सकता है, अतः भरत से बढ़कर उपयुक्त आश्रय उसके लिए और कहाँ मिल सकता है ? आत्मग्लानि नामक मानसिक शैथिल्य या तो अपनी बुराई का अनुभव अपने आप करने से होता है अथवा किसी बुरे प्रसंग के साथ अपना सम्बन्ध लोक में दिखायी पड़ने से उत्पन्न हीनता का अनुभव करने से। भरत जी को ग्लानि थी दूसरे प्रकार की, पर बड़ी सच्ची और बड़ी गहरी थी। जिन राम का उन पर इतना गाढ़ा स्नेह था, जिन्हें वे लोकोत्तर श्रद्धा और भक्ति की दृष्टि से देखते आये, उनके विरोधी वे समझे जायें, यह दुःख उनके लिए असह्य था। इस दुःख के भार से हलके होने के लिए वे छटपटाने लगे, इस घोर आत्मग्लानि को वे हृदय में न रख सके–

को त्रिभुवन मोहि सरिस अभागी। गति असि तोरि मातु जेहि लागी॥
पितु सुरपुर बन रघुबर केतू। मैं केवल सब अनरथ हेतू॥
धिग मोहि भयउँ बेनु बन आगी। दुसह दाह दुख दूषन भागी॥

वे रह-रहकर सोचते हैं कि मैं लाख अपनी सफाई दूँ, पर लोक की दृष्टि में निष्कलंक नहीं दिखायी पड़ सकता–

जो पै हौं मातु मते महँ ह्वै हों॥
तौ जननी जग में या मुख की कहाँ कालिमा ध्वैहों ?
क्यों हौं आज होत सुचि सपथनि ? कौन मानिहै साँची ?
महिमा मृगी कौन सुकृति की खल-बच-बिसिषन बाँची ?
गहि न जाति रसना काहू की, कहौ जाहि जो सूझै ?
दीनबन्धु, कारुण्य सिन्धु बिनु, कौन हियें की बूझै ?

कैकेयी को सामने पाकर इसे ग्लानि के साथ अमर्ष का संयोग हो जाता है। उसकी पवित्रता के सामने माता के प्रति यह अवज्ञा कैसी मनोहर दिखायी पड़ती है–

(क) *जो पै कुरुचि रही अति तोहीं। जनमत काहे न मारेसि मोहीं॥*
पेड़ काटि तैं पालउ सींचा। मीन जियन हित बारि उलीचा॥
जब तैं कुमति कुमत जिय ठयऊ। खंड खंड होइ हृदय न गयऊ॥
बर माँगत मन भई न पीरा। गरि न जीह मुँह परेउ न कीरा॥
अस को जीव जंतु जग माहीं। जेहि रघुनाथ प्रानप्रिय नाहीं॥
भे अति अहित राम तेउ तोहीं। को तू अहसि सत्य कहु मोहीं॥

(ख) *ऐसे तैं क्यों कटु बचन कह्यो री ?*
'राम जाहु कानन' कठोर तेरे कैसे धौं हृदय रह्यो री॥
दिनकर-बंस, पिता दसरथ से राम लषन से भाई॥
जननी ! तू जननी तो कहा कहौं ? बिधि केहि खोरि न लाई॥
'हौं लहिहौं सुख राजमातु ह्वै, सुत सिर छत्र धरैगो॥'
कुल कलंक मल मूल मनोरथ तब बिनु कौन करैगो ?
ऐहैं राम सुखी सब ह्वैहैं, ईस अजस मेरो हरिहैं
तुलसिदास मोको बड़ो सोच ? तू जनम कौन बिधि भरिहैं ?

एक बार तो संसार की ओर देखकर भरत जी अयश छूटने से निराश होते हैं; पर फिर उन्हें आशा बँधती है और वे कैकेयी से कहते हैं कि ईश मेरा तो अयश हरेंगे, मैं तो मुँह दिखाने लायक हो जाऊँगा, पर तू अपने दिन कैसे काटेगी ? वे समझते हैं कि राम के आते ही मेरा अयश दूर हो जायेगा। उनको विश्वास है कि सारा संसार मुझे दोषी माने, पर सुशीलता की मूर्ति राम मुझे दोषी नहीं मान सकते।

परिहरि राम सीय जग माहीं। कोउ न कहहि मोर मत नाहीं॥

राम की सुशीलता पर भरत को इतना अविचल विश्वास है। वह सुशीलता धन्य है जिस पर इतना विश्वास टिक सके; और वह विश्वास धन्य है जो सुशीलता पर इस अविचल भाव से जमा रहे। भरत की आशा का एकमात्र आधार यही विश्वास है। कौशल्या के सामने जिन वाक्यों द्वारा वे अपनी सफाई देते हैं, उनके एक-एक शब्द से अन्तःकरण की स्वच्छता झलकती है। उनकी शपथ उनकी अन्तर्वेदना की व्यंजना है–

जे अघ मातु पिता सुत मारे। गाइ गोठ महिसुर पुर जारे॥
जे अघ तिय बालक बध कीन्हें। मीत महीपति माहुर दीन्हें॥
जे पातक उपपातक अहहीं। करम बचन मन भव कबि कहहीं॥
ते पातक मोहि होहु बिधाता। जौं यहु होइ मोर मत माता॥

इस सफाई के सामने हजारों वकीलों की सफाई कुछ नहीं है, इन कसमों के सामने लाखों कसमें कुछ नहीं हैं। यहाँ वह हृदय खोलकर रख दिया गया है, जिसकी पवित्रता को देख जो चाहे अपना हृदय निर्मल कर ले।

हास्यरस का एक अच्छा छींटा नारदमोह के प्रसंग में मिलता है। नारद जी बन्दर का मुँह लेकर स्वयंवर की सभा में एक राजकन्या को मोहित करने बैठे हैं–

काहु न लखा सो चरित बिसेषा। सो सरूप नृपकन्या देखा॥
मर्कट बदन भयंकर देही। देखत हृदयँ क्रोध भा तेही॥
जेहि दिसि बैठे नारद फूली। सो दिसि तेहिं न बिलोकी भूली॥
पुनि पुनि मुनि उकसहिं अकुलाहीं। देखि दसा हर गन मुसुकाहीं॥

गोस्वामी जी का यह हास भी मर्यादा के साथ है, 'स्मित हास' है, बड़े लोगों का हास है। उस पर भी उद्देश्यगर्भित है, निरा हास-ही-हास नहीं है। यह मोह और अहंकार छुड़ाने का एक साधन है। इसके आलम्बन का स्वरूप भी विदूषकों का-सा कृत्रिम नहीं है।

हास के अतिरिक्त बालविनोद की सामग्री देखनी हो, तो सुन्दरकाण्ड में एक लम्बी पूँछ के बन्दर को पूँछ में लुक बाँधकर नाचते हुए और राक्षसों के लड़कों को ताली बजा-बजाकर कूदते हुए देखिये। थोड़ी देर वहीं ठहरने पर ऐसा भयानक और वीभत्स काण्ड देखने को मिलेगा, जो भुलाये न भूलेगा। कवितावली में लंकादहन का बड़ा ही विस्तृत और पूर्ण चित्रण है। देखिये, कैसा आवेगपूर्ण भय है—

(क) *'लागि, लागि आगि' भागि भागि चले जहाँ-तहाँ,*
धीय को न माय, बाप पूत न सँभारहीं।
छूटे बार, बसन उधारे, धूम-धुंध अंध,
कहैं बारे-बूढ़े 'बारि बारि' बार बारहीं॥
हय हिहिनात, भागें जात, घहरात गज,
भारी भीर ठेलि-पेलि रौंदि-खौंदि डारहीं॥
नाम लै चिलात, बिललात अकुलात अति,
तात, तात! तौंसियत झौंसियत झारहीं।

(ख) *लपट कराल ज्वाल जाल माल चहूँ दिसि,*
धूम अकुलाने पहिचानै कौन काहि रे॥
पानी को ललात, बिललात जरे गात जात,
परे पाइमाल जात, भ्रात! तू निबाहि रे॥
प्रिया! तू पराहि, नाथ नाथ! तूँ पराहि, बाप,
बाप तू पराहि, पूत, पूत! तू पराहि रे॥
'तुलसी' बिलोकि लोग ब्याकुल बिहाल कहैं,
'लेहि दससीस अब बीस चख चाहि रे॥'

इसी लंकादहन के भीतर यह वीभत्स काण्ड सामने आता है—

हाठ-बाट हाटक पिघलि चलो घी सो घनो,
कनक कराही लंक तलफति ताय सों।
नाना पकवान जातुधान बलवान सब,
पागि पागि ढेरी कीन्हीं भली भाँति भाय सों॥

पिशाचिनियों और डाकिनियों की वीभत्स क्रीड़ा का जो कविप्रथानुसार वर्णन है, वह तो है ही, जैसे–

ओझरी की झोरी काँधे, आँतिन की सेल्ही बाँधे,
मूँड़ के कमंडलु, खपर किए कोरि कै ॥
जोगिनी झुटुंग झुंड झुंड बनी तापसी-सी,
तीर-तीर बैठी तो समर-सरि खोरि कै ॥
सोनित सों सानि-सानि गूदा खात सतुआ से,
प्रेत एक पियत बहोरि घोरि-घोरि कै ॥
तुलसी बैताल-भूत साथ लिए भूतनाथ,
हेरि-हेरि हँसत हैं हाथ-हाथ जोरि कै ॥

कवायद की पूरी पाबन्दी के साथ बहुत थोड़े में रौद्र रस का उदाहरण देखना हो, तो यह देखिये–

माखे लखन कुटिल भइँ भौंहें। रदपट फरकत नयन रिसौंहें ॥
रघुबंसिन्ह महँ जहँ कोउ होई। तेहि समाज अस कहइ न कोई ॥

इसमें अनुभाव भी है, अमर्ष संचार भी है। सम्भव है, कुछ लोगों को 'रिसौंहें' शब्द के कारण 'स्वशब्दवाच्यत्व' दोष दिखायी पड़े, पर अनुभाव आदि द्वारा पूर्ण व्यंजना हो जाने पर विशेषण रूप में 'भाव' का नाम आ जाना दोष नहीं कहा जा सकता।

युद्धवीर के उदाहरणों से तो सारा लंकाकाण्ड भरा पड़ा है। 'उत्साह' नामक भाव की भी व्यंजना अत्यन्त उत्कर्ष को पहुँची हुई है और युद्ध के दृश्य का चित्रण भी बड़ा ही उग्र और प्रचण्ड है। वीर रस का वर्णनकौशल उन्होंने तीन शैलियों के भीतर दिखाया है–प्राचीन राजपूत काल के चारणों की छप्पयवाली ओजस्विनी शैली के भीतर; इधर के फुटकरिये कवियों की दण्डकवाली शैली के भीतर; और अपनी निज की गीतिकावाली शैली के भीतर। नीचे तीनों का क्रमशः एक-एक उदाहरण दिया जाता है–

(1) *कतहुँ बिटप भूधर उपारि परसेन बरक्खत।*
कतहुँ बाजि सों बाजि मर्दि गजराज करक्खत ॥
चरन चोट चटकन चकोट अरि-उर-सिर बज्जत।
बिकट कटक बिद्दरत बार बारिद जिमि गज्जत ॥
लंगूर लपेटत पटक भट 'जयति राम, जय'! उच्चरत।
तुलसी पवननंदन अटल जुद्ध क्रुद्ध कौतुक करत ॥

(2) *दबकि दबोरे एक, बारिधि में बोरे एक,*
मगन मही में एक गगन उड़ात हैं ॥
पकरि पछारे, कर चरन उखारे, एक,
चीरि-फारि डारे, इक मींजि मारे लात हैं ॥

'तुलसी' लखत राम रावन, बिबुध बिधि,
चक्रपानि चंडीपति, चंडिका सिंहात हैं ॥
बड़े-बड़े बनाइत बीर बलवान बड़े,
जातुधान, जूथप निपाते बातजात हैं ॥

(3) *भए क्रुद्ध जुद्ध विरुद्ध रघुपति त्रोन सायक कसमसे।*
कोदंड धुनि अति चंड सुनि मनुजाद सब मारुत ग्रसे ॥
मंदोदरी उर कंप कंपति कमठ भू भूसुर त्रसे।
चक्करहिं दिग्गज दसन गहि महि, देखि कौतुक सुर हँसे ॥

धनुष चढ़ाने के लिए राम और लक्ष्मण का उत्साह और धनुर्भंग की प्रचण्डता का वर्णन भी अत्यन्त वीरोल्लासपूर्ण है। जनक के वचन पर उत्तेजित होकर लक्ष्मण कहते हैं–

सुनहु भानु कुल-कमल-भानू ! जौ अब अनुसासन पावौं।
का बापुरो पिनाकु ? मेलि गुन मंदर मेरु नवावौं ॥
देखौ निज किंकर को कौतुक, क्यों कोदंड चढ़ावौं।
लै धावौं, भंजौं मृनाल ज्यों तौ प्रभु अनुज कहावौं ॥

धनुष टूटने पर–

डिगति उर्बि अति गुर्बि, सर्व पब्बै समुद्र सर।
ब्याल बधिर तेहि काल, बिकल दिगपाल चराचर ॥
दिग्गयंद लरखरत, परत दसकंठ मुक्ख भर।
सुर बिमान हिमभानु भानु संघटित परस्पर ॥
चौंके बिरंचि संकर सहित, कोल कमठ अहि कलमल्यो।
ब्रह्मांड खंड कियो चंड धुनि जबहिं राम सिवधनु दल्यो ॥

धनुर्भंग के इस वर्णन में प्रश्न यह उठता है कि इसमें प्रदर्शित उत्साह का आलम्बन क्या है? प्रचलित साहित्य ग्रन्थों में देखिये तो युद्धवीर का आलम्बन विजेतव्य ही मिलेगा। यह विजेतव्य शत्रु या प्रतिपक्षी ही हुआ करता है। अतः यहाँ विजेतव्य धनुष ही हो सकता है। पर पृथ्वी पर पड़ा हुआ जड़ धनुष मनुष्य के हृदय में उठाने या तोड़ने का उत्साह किस तरह जाग्रत करेगा, यह समझते नहीं बनता है। वह तो पड़ा-पड़ा ललकार नहीं रहा है। यदि किसी मनुष्य में इतना साहस और बल है कि वह बड़ी-बड़ी चट्टानों को उठा सकता है, तो पहाड़ पर जाकर उसकी क्या दशा होगी ? अतः हमारी समझ में उत्साह का आलम्बन कोई विकट या दुष्कर्म 'कर्म' ही होता है।

लक्ष्मण को शक्ति लगने पर राम की व्याकुलता देख कार्यतत्परता की मूर्ति हनुमान् कहते हैं–

जौं हौं अब अनुसासन पावौं।
तौं चंद्रमहि निचोरि चैल ज्यों आनि सुधा सिर नावौं।

कै पाताल दलौं व्यालावलि अमृतकुंड महि लावौं।
भेदि भुवन करि भानु बाहिरो तुरत राहु दै तावौं॥
बिबुध बैद बरबस आनौं धरि तौ प्रभु अनुग कहावौं।
पटकौं मीच नीच मूषक ज्यों सबहि कोपायु बहावौं॥

हनुमान् के इस 'वीरोत्साह' का आलम्बन क्या है? क्या चन्द्रमा, अश्विनीकुमार इत्यादि ? खैर, इसका विस्तृत विवेचन अन्यत्र किया जायेगा; यहाँ इतना ही निवेदन करके रसज्ञों से क्षमा चाहते हैं।

अब अद्‌भुत रस का एक उदाहरण देकर यह प्रसंग समाप्त किया जाता है। हनुमान् जी पहाड़ हाथ में लिये आकाशमार्ग से अपूर्व वेग के साथ उड़े जा रहे हैं—

लीन्हों उखारि पहार बिसाल चल्यो नहि काल बिलंब न लायो।
मारुतनंदन मारुत को, मन को, खगराज को वेग लजायो॥
तीखी तुरा तुलसी कहतो पै हिये उपमा को समाउ न आयो।
मानो प्रतच्छ परब्बत की नभ लीक लसी कपि यों धुकि धायो॥

इस पद के भीतर 'मारुत को, मन को, खगराज को' इस वाक्यांश में कुछ 'दुष्क्रमत्व' प्रतीत होता है। मन को सबके पीछे होना चाहिए; मन का वेग जब कह चुके, तब खगराज का वेग उसके सामने कुछ नहीं है। पर समग्र वर्णन से जो चित्र सामने खड़ा होता है, उसके अद्‌भुत होने में कोई सन्देह नहीं। गगनमण्डल के बीच पहाड़ की एक लीक-सी बँध जाना कोई साधारण व्यापार नहीं है। इस अद्‌भुतता की योजना भी एक स्वभावसिद्ध व्यापार के आधार पर हुई है और प्रकृति का निरीक्षण सूचित करती है। यह सूचित करती है कि अत्यन्त वेग से गमन करती हुई वस्तु की एक लकीर-सी बन जाया करती है, इस बात पर कवि की दृष्टि गयी है। जिसकी दृष्टि ऐसी-ऐसी बातों पर न जाती हो, वह कवि कैसा ? प्रकृति के नाना रूपों को देखने के लिए कवि की आँखें खुली रहनी चाहिए, और सबका प्रभावग्रहण करने के लिए उसका हृदय खुला रहना चाहिए। अद्‌भुत रस के इस आलम्बन द्वारा गोस्वामी जी की यह स्वाभाविक विश्वव्यापारग्राहिणी सहृदयता लक्षित होती है, जो हिन्दी के और किसी कवि में नहीं। इस स्वभावसिद्ध अद्‌भुत व्यापार के सामने 'कमल पर कदली, कदली पर कुण्ड, शंख पर चन्द्रमा' आदि कवि प्रौढ़ोक्तिसिद्ध रूपकातिशयोक्ति के कागजी दृश्य क्या चीज हैं ? लड़कों के खेल हैं। बालकों या बालरुचिवालों का मनोरंजन उनसे होता हो, तो हो सकता है।

गोस्वामी जी ने अपनी इस परिष्कृत और गम्भीर रुचि का परिचय अलंकारों की योजना में बराबर दिया है। लंकादहन के प्रसंग में जहाँ हनुमान् जी अपनी जलती हुई पूँछ इधर-से-उधर घुमाते हैं; वहाँ अपनी 'उत्प्रेक्षा' और 'सन्देह' को वे इसी स्वभावसिद्ध व्यापार पर टिकाते हैं—

बालधी बिसाल बिकराल ज्वाल-जाल मानौ,
लंक लीलिबे को काल रसना पसारी है।

कैधों व्योमबीथिका भरे हैं भूरि धूमकेतु,
बीररस बीर तरवारि सी उघारी है॥

ध्यान से देखिये तो कई एक व्यापार, जो देखने में केवल अलौकिकत्व-विधायक प्रतीत होते हैं, हेतूत्प्रेक्षा के व्यंग्य से अपना प्रकृत स्वरूप खोल देंगे। पथिक वेश में राम-लक्ष्मण वन के मार्ग में चले जा रहे हैं (क्षमा कीजियेगा, यह दृश्य हमें बहुत मनोहर लगता है इसी से बार-बार सामने आया करता है) गोस्वामी जी कहते हैं।

जहँ जहँ जाहिं देव रघुराया। तहँ तहँ मेघ करहिं नभ छाया॥

जिस समय मेघखण्ड आकाश में बिखरे रहते हैं; उस समय पथिक के मार्ग में कभी धूप पड़ती है, कभी छाया। इस छाया पड़ने को देखकर किसी अवसर पर यदि कवि किसी साधारण पुरुष को भी कह दे कि, ''मेघ भी आपके ऊपर छाया करते चलते हैं'' तो उसका यह कहना अस्वाभाविक न लगेगा। इस कथन द्वारा जिस प्रताप आदि की व्यंजना इष्ट होगी, वह उत्प्रेक्षा का हेतु हो जायेगा। प्राचीन कवियों में इस प्रकार की सुन्दर स्वाभाविक उक्तियाँ अक्सर मिलती हैं जिनमें से किसी-किसी को लेकर और उन पर एक साथ कई प्रौढ़ोक्तियाँ लादकर पिछले खेवे के कवियों ने एक भद्दी इमारत खड़ी की है। फल इसका यह हुआ है कि उनमें अतिशयोक्ति ही अतिशयोक्ति रह गयी है। जो कुछ स्वाभाविकता थी, वह जान (अपनी कहिये या उन पुरानी उक्तियों की कहिये) लेकर भागी है। उदाहरण के लिए अभिज्ञान शाकुन्तलम् में भौंरा शकुन्तला का पीछा किये हुए है और बार-बार उसके मुँह की ओर जाता है–

'सलिल से संभमुग्गदो, णोमालिअं उज्झिअ बअणं मे महुअरो अहिवट्टइ।'

हमारे लाला भिखारीदास जी ने इस उक्ति को पकड़ा और उसके ऊपर यह भारी-भरकम ढाँचा खड़ा कर दिया–

आनन है अरबिंद न फूले, अलीगन ! भूले, कहाँ मँडरात हौ ?
कीर कहाँ तोहिं बाई भई भ्रम बिम्ब के ओठन को ललचात हौ ?
दासजू ब्याली न, बेनी रची, तुम पापी कलापी कहा इतरात हौ ?
बोलति बाल न बाजत बीन, कहा सिगरे मृग घेरत जात हौ ?

ऐसे संकट में पड़ी हुई नायिका शायद ही कहीं दिखायी पड़े। भ्रमरबाधा तक तो कोई चिन्ता की बात नहीं, पर उसके ऊपर यह शुकबाधा, मयूरबाधा और मृगबाधा देख तो हाथ-पर-हाथ रखकर बैठे ही रहना पड़ेगा।

बहुत लोगों ने देखा होगा कि भौंरे आदमी के पीछे अक्सर लग जाते हैं, कान और मुँह के पास मँडराया करते हैं और हटाने से जल्दी हटते नहीं। इसी बात पर स्त्रियों में यह प्रवाद प्रचलित है कि जब कोई परदेश में होता है, तब उसका सन्देशा कहने के लिए भौंरे आकर कान के पास मँडराया करते हैं। अतः इस प्रकार की पुरानी उक्तियों में जो सौन्दर्य है, वह हमें अतिशयोक्ति में न दिखायी देकर

स्वभावसिद्ध वस्तु द्वारा व्यंग्य हेतूत्प्रेक्षा में दिखायी पड़ता है। जैसे भौंरा जो बार-बार मुँह के पास जाता है, वह मानो मुख को कमल समझने के कारण।

छोटे-छोटे संचारी भावों की स्वतन्त्र व्यंजना भी गोस्वामी जी ने जिस मार्मिकता से की है, उससे मानवी प्रकृति का सूक्ष्म निरीक्षण प्रकट होता है। उन्होंने ऐसे-ऐसे भावों का चित्रण किया है, जिनकी ओर किसी कवि का ध्यान तक नहीं गया है। संचारियों के भीतर वे गिनाये तो गये नहीं हैं; फिर ध्यान जाता कैसे ? सीता के सम्बन्ध में राम लोकध्वनि चरों के द्वारा सुनते हैं—

चरचा चरनि सों चरची जानमनि रघुराइ।
दूतमुख सुनि लोक धुनि घर घरनि बूझी आइ॥

मर्यादास्तम्भ राम लोकमत पर सीता को वन में भेज देते हैं। लक्ष्मण उन्हें वाल्मीकि के आश्रम में छोड़ आँखों में आँसू भरे लौट रहे हैं। उस अवसर पर—

दीनबन्धु दयालु देवर देखि अति अकुलानि।
कहति बचन उदास तुलसीदास त्रिभुवन रानि॥

ऐसे अवसर पर सीता ऐसी गम्भीरहृदया देवी का यह 'उदासीन भाव' प्रकट करना कितना स्वाभाविक है—

तौ लौं बलि आपुही कीबी बिनय समुझि सुधारि।
जौ लौं हौं सिखि लेउँ बन ऋषि रीति बसि दिन चारि॥
तापसी कहि कहा पठवति नृपनि को मनुहारि।
बहुरि तिहि बिधि आइ कहिहै साधु कोउ हितकारि॥
लषन लाल कृपाल ! निपटहिं डारिबी न बिसारि।
पालबी सब तापसनि ज्यों राजधर्म बिचारि।
सुनत सीता बचन मोचत सकल लोचन बारि।
बालमीकि न सके तुलसी सो सनेह सँभारि॥

काव्य के भावविधान में जिस 'उदासीनता' का सन्निवेश होगा, वह खेदव्यंजक ही होगी—यथार्थ में 'उदासीनता' न होगी। उसे विषाद, क्षोभ आदि से उत्पन्न क्षणिक मानसिक शैथिल्य समझिये। कैकेयी को समझाते समय मन्थरा के मुख से भी उदासीनता की व्यंजना गोस्वामी जी ने बड़ी मार्मिकता से करायी है। राम के अभिषेक पर दुःख प्रकट करने के कारण जब मन्थरा को कैकेयी बुरा-भला कहती है, तब वह कहती है—

हमहुँ कहब अब ठकुरसोहाती। नाहिं त मौन रहब दिन राती॥
कोउ नृप होउ हमहिं का हानी। चेरि छाँड़ि अब होब कि रानी॥

हिन्दी कवियों में तुलसी ऐसे भावुक के सिवा इस गूढ़ भाव तक और किसकी पहुँच हो सकती है। और कौन ऐसे उपयुक्त पात्र में और ऐसे उपयुक्त अवसर पर इसका विधान कर सकता है? इस 'उदासीनता' के भाव का आविष्कार उन्हीं का काम

था। सूरदास ने इसका कुछ आभासमात्र यशोदा के उस सन्देशे में दिया है जो उन्होंने कृष्ण के मथुरा चले जाने पर देवकी के पास भेजा था–

सँदेसो देवकी सों कहियो।
हौं तो धाय तिहारे सुत की कृपा करत ही रहियो॥

'आश्चर्य' को लेकर कविजन 'अद्‌भुत रस' का विधान करते हैं जिसमें कुतूहलवर्द्धक बातें हुआ करती हैं। पर इस आश्चर्य से मिलता-जुलता एक और हलका भाव होता है, जिसे कोई और अच्छा नाम न मिलने के कारण, हम 'चकपकाहट' कह सकते हैं और आश्चर्य के संचारी के रूप में रख सकते हैं। पाश्चात्य मनोवैज्ञानिकों ने दोनों (वण्डर और सरप्राइज) में भेद किया है। आश्चर्य किसी विलक्षण बात पर होता है–ऐसी बात पर होता है, जो साधारणतः नहीं हुआ करती। 'चकपकाहट' किसी ऐसी बात पर होती है, जिसकी कुछ भी धारणा हमारे मन में न रही हो, और जो एकाएक हो जाये। जैसे किसी दूर देश में रहनेवाले मित्र को सहसा अपने सामने देखकर हम 'चकपका' उठते हैं। राम का सेतु बाँधना सुन रावण चकपकाकर कहता है–

बाँध्यो बननिधि नीरनिधि जलधि सिंधु बारीस।
सत्य तोयनिधि कंपति उदधि पयोधि नदीस॥

यह ऐसा ही है जैसा सहसा किसी का मरना सुनकर चकपकाकर पूछना–"अरे कौन ? रामप्रसाद के बाप ? माताप्रसाद के लड़के ? शिवप्रसाद के भाई ? अमुक स्टेट के मैनेजर ?" इस भाव का प्रत्यक्षीकरण भी यह सूचित करता है कि गोस्वामी जी सब भावों को अपने अन्तःकरण में देखनेवाले थे, केवल लक्षणग्रन्थों में देखकर उनका सन्निवेश करनेवाले नहीं।

दूसरों का उपहास करते तो आपने बहुत लोगों को देखा होगा, पर कभी आपने मनुष्य की उस अवस्था पर भी ध्यान दिया है, जब वह पश्चात्ताप और ग्लानिवश अपना उपहास आप करता है ? गोस्वामी जी ने उस पर भी ध्यान दिया है। उनकी अन्तर्दृष्टि के सामने वह अवस्था भी प्रत्यक्ष हुई है। सोने के हिरन के पीछे अपनी सोने की सीता को खोकर राम वन-वन विलाप करते फिरते हैं; मृग उन्हें देखकर भागते हैं; और फिर जैसा कि उनका स्वभाव होता है, थोड़ी दूर जाकर खड़े हो जाते हैं। इस पर राम कहते हैं–

हमहिं देखि मृग निकर पराहीं। मृगी कहहिं तुम्ह कहँ भय नाहीं॥
तुम आनंद करहु मृग जाए। कंचन मृग खोजन ए आए॥

कैसी क्षोभपूर्ण आत्मनिन्दा है ।

यहाँ एक और बात ध्यान देने की है। कवि ने मृगों के ही भय का क्यों नाम लिया? मृगियों को भय क्यों नहीं था। बात यह है कि आखेट की यह मर्यादा चली आती है कि मादा के ऊपर अस्त्र न चलाया जाये। शिकार खेलनेवालों में यह बात प्रसिद्ध है। यहाँ गोस्वामी जी का लोक-व्यवहार परिचय प्रकट होता है–

देखिये 'श्रम' की व्यंजना किस कोमलता के साथ गोस्वामी जी करते हैं। सीता राम-लक्ष्मण के साथ पैदल वन की ओर चली हैं–

(क) *पुर तें निकसी रघुबीर बधू, धरि धीर दए मग में डग द्वै।*
झलकी भरि भाल कनी जल की, पुट सूखि गए मधुराधर वै।
फिरि बूझति हैं 'चलनो अब केतिक, पर्नकुटी करिहौ कित ह्वै।'
तिय की लखि आतुरता पिय की अँखियाँ अति चारु चलीं जल च्वै॥

(ख) *'जल को गए लक्खन हैं लरिका, परिखौ पिय! छाँह घरीक ह्वै ठाढ़े॥*
पोछि पसेउ बयारि करौं, अरु पायँ पखारिहौं भूभुरि डाढ़े॥'
तुलसी रघुबीर प्रियास्रम जानिकै, बैठि बिलम्ब लौं कंटक काढ़े॥
जानकी नाह को नेह लख्यो, पुलको तनु बारि बिलोचन बाढ़े॥

कुलवधू के 'श्रम' की यह व्यंजना कैसी मनोहर है। यह 'श्रम' स्वतन्त्र है, किसी और भाव का संचारी होकर नहीं आया है।

गोस्वामी जी को मनुष्य की अन्तःप्रकृति की जितनी परख थी उतनी हिन्दी के और किसी कवि को नहीं। कैसे अवसर पर मनुष्य के हृदय में स्वभावतः कैसे भाव उठते हैं इसकी वे बहुत सटीक कल्पना करते थे। राम के अयोध्या लौटने पर जब सुग्रीव और विभीषण ने राम और भरत का मिलना देखा तब उनके चित्त में क्या आया होगा, यह देखिये–

सधन चोर मग मुदित मन धनी गही ज्यों फेंट।
त्यों सुग्रीव विभीषनहिं भई भरत की भेंट॥

रास्ते भर तो वे बहुत ही प्रसन्न आये होंगे और राम के साथ रहने के कारण अपने को गौरवशाली–शायद साधु और सज्जन भी–समझते रहे होंगे। पर यह महत्त्व उनका निज का अर्जित नहीं था, केवल राम की कृपा से मिला हुआ था। वे जो उसे अपना अर्जित समझते आ रहे थे, यह उनका भ्रम था। उनका यह भ्रम राम और भरत का मिलना देखकर दूर हो गया। वे ग्लानि से गड़ गये। उनके मन में आया कि एक भाई भरत है और एक हम लोग हैं, जिन्होंने अपने भाइयों के साथ ऐसा व्यवहार किया।

इस प्रसंग को समाप्त करने का वादा शायद अभी किया जा चुका है। बस, दो बातें और कहनी हैं। कवि लोग अर्थ और वर्णविन्यास के विचार से जिस प्रकार शब्दशोधन करते हैं, उसी प्रकार अधिक मर्मस्पर्शी और प्रभावोत्पादक दृश्य उपस्थित करने के लिए व्यापारशोधन भी करते हैं। बहुत-से व्यापारों में जो व्यापार अधिक प्राकृतिक होने के कारण स्वभावतः हृदय को अधिक स्पर्श करनेवाला होता है, भावुक कवि की दृष्टि उसी पर जाती है। यह चुनाव दो प्रकार से होता है। कहीं तो (1) चुना हुआ व्यापार उपस्थित प्रसंग के भीतर ही होता है या हो सकता है, अर्थात् उस व्यापार और प्रसंग का व्याप्यव्यापक सम्बन्ध होता है और वह व्यापार उपलक्षण मात्र होता है; और कहीं (2) चुना हुआ व्यापार प्रस्तुत व्यापार से सादृश्य रखता है; जैसे

अन्योक्ति में। गोस्वामी जी ने दोनों प्रकार के चुनाव में अपनी स्वाभाविक सहृदयता दिखायी है।

(1) प्रथम पद्धति का अवलम्बन ऐसी स्थिति को अंकित करने में होता है जिसके अन्तर्गत बहुत-से व्यापार हो सकते हैं और सब व्यापारों का वाच्य एक सामान्य शब्द हुआ करता है; जैसे अत्याचार, दैन्य, दुःख-सुख इत्यादि। अत्याचार शब्द के अन्तर्गत डाँटने-डपटने से लेकर मारना-पीटना, जलाना, स्त्री, बालकों की हत्या करना, न जाने कितने व्यापार समझे जाते हैं। इसी प्रकार दीन-दशा के भीतर खाने-पहनने की कमी से लेकर द्वार-द्वार फिरना, दाँत निकालकर माँगना, किसी के दरवाजे पर अड़कर बैठना और हटाने से भी न हटना, ये सब गोचर दृश्य आते हैं। इन दृश्यों में जो सबसे अधिक मर्मस्पर्शी होता है, भावुक कवि उसी को सबका उपलक्षण बनाकर, स्थिति को हृदयंगम करा देता है। गोस्वामी जी ने अपने दैन्य भाव का चित्रण स्थान-स्थान पर इसी पद्धति से किया है। कुछ उदाहरण लीजिये—

कहा न कियो, कहाँ न गयो, सीस काहि नायो ?
हा हा करि दीनता कही, द्वार द्वार बार-बार, परी न छार मुँह बायो।
महिमा मान प्रिय प्रान तें तजि, खोलि खलन आगे खिनु-खिनु पेट खलायो॥

इसका अर्थ यह नहीं है कि तुलसीदास जी सचमुच द्वार-द्वार पेट खलाते और डाँट-फटकार सुनते फिरते थे।

कहीं राजा राम के द्वार पर खड़े अपनी दीनता का चित्र आप देखते हैं।

राम सों बड़ो है कौन, मोसों कौन छोटो ?
राम सों खरो है कौन, मोसों कौन खोटो ?

सारी विनयपत्रिका का विषय यही है—राम की बड़ाई और तुलसी की छोटाई। दैन्यभाव जिस उत्कर्ष को गोस्वामी जी में पहुँचा है, उस उत्कर्ष को और किसी भक्त कवि में नहीं। इस भावरहस्य से अनभिज्ञ और इस उपलक्षण पद्धति को न समझनेवाले ऊपर के पदों को देख यदि कहें कि तुलसीदास जी बड़े भारी मंगन थे, हटाने से जल्दी हटते नहीं थे और खुशामदी भी बड़े भारी थे, तो उनका प्रतिवाद करना समय नष्ट करना ही है। खेद इस बात पर अवश्य होता है कि 'स्वतन्त्र आलोचना' का ऐसा स्थूल और भद्दा अर्थ समझनेवाले भी हमारे बीच वर्तमान हैं। एक स्थान पर गोस्वामी जी कहते हैं—

खीझिबे लायक करतब कोटि कोटि कटु,
रीझिबे लायक तुलसी की निलज्जई।

इस पर यदि कोई कह दे कि तुलसीदास जी बड़े भारी बेहया थे, तो उसकी क्या दवा है ?

तुलसीदास जी को जब स्वामी के प्रति अपने प्रेम की अनन्यता की इस प्रकार प्रतीति हो जाती है कि, "जानत जहान मन मेरे हू गुमान बड़ो, मान्यो मैं न दूसरो, न मानत, न मानिहों" तब प्रेमाधिक्य से वे कुछ मुँहलगे हो जाते हैं और कभी-कभी ऐसी बातें भी कह देते हैं—

हौं अब लौं करतूति तिहारिय चितवत हुतो न रावरे चेते।
अब तुलसी पूतरो बाँधिहै सहि न जात मोपै परिहास एते ॥

पर ऐसी गुस्ताखी कभी नहीं करते कि, "आपने करम भवनिधि पार करौं जौ तो हम करतार, करतार तुम काहे के ?"

देखिये, संसार की अशान्ति का चित्र कैसा मर्मस्पर्शी और प्राकृतिक जीवन-व्यापार उपलक्षण के रूप में चुनकर वे अंकित करते हैं–

डासत ही गई बीति निसा सब, कतहुँ न, नाथ ! नींद भरि सोयो।

(2) प्रस्तुत व्यापार के स्थान पर उसी के सदृश अप्रस्तुत व्यापार चुनने में भी गोस्वामी जी ने प्रभावोत्पादक प्राकृतिक दृश्यों की परख का पूर्ण परिचय दिया है। प्रेमभाव का उत्कर्ष दिखाने के लिए उन्होंने चातक और मीन को पकड़ा है। दोहावली के भीतर चातक की अन्योक्तियाँ प्रेमी भक्तों के हृदय का सर्वस्व हैं। यही चातकता और मीनता वे जीवन भर चाहते रहे–"करुणानिधान ! बरदान तुलसी चहत सीतापति भक्ति सुरसरि-नीर-मीनता।" अन्योक्ति आदि के लिए भी वे तत्काल हृदय में चुभनेवाला दृश्य लाकर खड़ा कर देते हैं। इससे प्रस्तुत विषय के सम्बन्ध में जो भाव उत्पन्न करना इष्ट होता है; वह भाव थोड़ी देर के लिए अवश्य उत्पन्न होता है। प्रासादों में सुख से रहनेवाली सीता वन में कैसे रह सकेगी–

नव रसाल बन बिहरनसीला। सोह कि कोकिल बिपिन करीला ॥

शीलनिरूपण और चरित्र-चित्रण–रससंचार से आगे बढ़ने पर हम काव्य की उस उच्चभूमि में पहुँचते हैं जहाँ मनोविकार अपने क्षणिक रूप में ही न दिखायी देकर जीवनव्यापी रूप में दिखायी पड़ते हैं। इसी स्थायित्व की प्रतिष्ठा द्वारा शीलनिरूपण और पात्रों का चरित्र-चित्रण होता है। कहने की आवश्यकता नहीं कि इस उच्चभूमि में आने पर फुटकरिये कवि पीछे छूट जाते हैं; केवल प्रबन्धकुशल कवि ही दिखायी पड़ते हैं। खेद के साथ कहना पड़ता है कि गोस्वामी जी को छोड़ हिन्दी का और कोई पुराना कवि इस क्षेत्र में नहीं दिखायी पड़ता। चारणकाल के चन्द आदि कवियों ने भी प्रबन्धरचना की है; पर उसमें चरित्र-चित्रण को वैसा स्थान नहीं दिया गया है, वीरोल्लास ही प्रधान है। जायसी आदि मुसलमान कवियों की प्रबन्धधारा केवल प्रेमपथ का निदर्शन करती गयी है। दोनों प्रकार के आख्यानों में मनोविकारों के इतने भिन्न-भिन्न प्रकृतिस्थ स्वरूप नहीं दिखायी पड़ते जिन्हें हम किसी व्यक्ति या समुदाय-विशेष का लक्षण कह सकें।

रससंचार मात्र के लिए किसी मनोविकार की एक अवसर पर पूर्ण व्यंजना ही काफी होती है। पर किसी पात्र में उसे शील रूप में प्रतिष्ठित करने के लिए कई अवसरों पर उसकी अभिव्यक्ति दिखानी पड़ती है। रामचरितमानस के भीतर राम, भरत, लक्ष्मण, दशरथ और रावण कई पात्र ऐसे हैं जिनके स्वभाव और मानसिक प्रवृत्ति की विशेषता

गोस्वामी जी ने, कई अवसरों पर प्रदर्शित भावों और आचरणों की एकरूपता दिखाकर प्रत्यक्ष की है।

पहले राम को लीजिये और इस बात का ध्यान रखिये कि प्रधान पात्र होने के कारण जितनी भिन्न-भिन्न परिस्थितियों में उनका जीवन दिखाया गया है, और किसी पात्र का नहीं। भिन्न-भिन्न मनोविकारों को उभारनेवाले जितने अधिक अवसर उनके सामने आये हैं, उतने और किसी पात्र के सामने नहीं। लक्ष्मण भी प्रत्येक परिस्थिति में उनके साथ रहे, इससे उनके सम्बन्ध में भी यही कहा जा सकता है। सारांश यह है कि राम-लक्ष्मण के चरित्रों का चित्रण आख्यान के भीतर सबसे अधिक व्यापक होने के कारण सबसे अधिक पूर्ण है। भरत का चरित्र जितना अंकित है, उतना सबसे उज्ज्वल, सबसे निर्मल और सबसे निर्दोष है। पर साथ ही यह भी है कि वह उतना अधिक अंकित नहीं है। राम से भी अधिक जो उत्कर्ष उनमें दिखायी पड़ता है वह बहुत-कुछ चित्रण की अपूर्णता के कारण—उतनी अधिक परिस्थितियों में राम-लक्ष्मण का चरित्र दिखाया गया है। पर इसमें भी कोई सन्देह नहीं कि जिस परिस्थिति में भरत दिखाये गये हैं उससे बढ़कर शील की कसौटी हो ही नहीं सकती।

अनन्त शक्ति के साथ धीरता, गम्भीरता और कोमलता 'राम' का प्रधान लक्षण है। यही उनका 'रामत्व' है। अपनी शक्ति की स्वानुभूति ही उस उत्साह का मूल है जिससे बड़े-बड़े दुःसाध्य कर्म होते हैं। बाल्यावस्था में ही जिस प्रसन्नता के साथ दोनों भाइयों ने घर छोड़ा और विश्वामित्र के साथ बाहर रहकर अस्त्र शिक्षा प्राप्त की तथा विघ्नकारी विकट राक्षसों पर पहले-पहल अपना बल आजमाया, वह उस उल्लास और साहस का सूचक है जिसे 'उत्साह' कहते हैं। छोटी अवस्था में ही ऐसे विकट प्रवास के लिए जिनकी धड़क खुलती हमने देखी, उन्हीं को पीछे चौदह वर्ष वन में रहकर अनेक कष्टों का सामना करते हुए जगत् को क्षुब्ध करनेवाले कुम्भकर्ण और रावण जैसे राक्षसों को मारते हुए हम देखते हैं। इस प्रकार जिन परिस्थितियों के बीच वीर जीवन का विकास होता है, उनकी परम्परा का निर्वाह हम क्रम से रामचरितमानस में देखते हैं। राम और लक्ष्मण ये दो अद्वितीय वीर हम उस समय पृथ्वी पर पाते हैं। वीरता की दृष्टि से हम कोई भेद दोनों पात्रों में नहीं कर सकते। पर सीता के स्वयंवर में दोनों भाइयों के स्वभाव में जो पार्थक्य दिखायी पड़ा उसका निर्वाह हम अन्त तक पाते हैं। जनक के परिताप वचन पर उग्रता और परशुराम की बातों के उत्तर में जो चपलता हम लक्षण में देखते हैं, उसे हम बराबर अवसर पर देखते चले जाते हैं। इसी प्रकार राम की जो धीरता और गम्भीरता हम परशुराम के साथ बातचीत करने में देखते हैं, वह बराबर आगे आनेवाले प्रसंगों में हम देखते जाते हैं। इतना देखकर तब हम कहते हैं कि राम का स्वभाव धीर और गम्भीर था और लक्ष्मण का उग्र और चपल।

धीर, गम्भीर और सुशील अन्तःकरण की बड़ी भारी विशेषता यह होती है कि वह दूसरे बुरे भाव का आरोप जल्दी नहीं कर सकता। सारे अवधवासियों को लेकर भरत को चित्रकूट की ओर आते देख लक्ष्मण कहते हैं–

कुटिल कुबंधु कुअवसर ताकी। जानि राम बनवास एकाकी॥
करि कुमंत्र मन, साजि समाजू। आए करै अकंटक राजू॥

और तुरन्त इस अनुमान पर उनकी त्योरी चढ़ जाती है–

जिमि करि निकर दलइ मृगराजू। लेइ लपेटि लवा जिमि बाजू॥
तैसेहिं भरतहि सेन समेता। सानुज निदरि निपातउँ खेता॥

पर राम के मन में भरत के प्रति ऐसा सन्देह होता ही नहीं है। अपनी सुशीलता के बल पर उन्हें उनकी सुशीलता पर पूरा विश्वास है। वे तुरन्त समझाते हैं–

सुनहु लखन भल भरत सरीसा। बिधि प्रपंच महँ सुना न दीसा॥
भरतहिं होइ न राजमद बिधि हरि हर पद पाइ।
कबहुँ कि काँजी सीकरनि छीरसिंधु बिनसाइ॥

सुमन्त जब राम-लक्ष्मण को विदा कर अयोध्या लौटने लगते हैं, तब रामचन्द्र जी अत्यन्त प्रेमभरा सन्देशा पिता से कहने को कहते हैं, जिसमें कहीं से खिन्नता या उदासीनता का लेश नहीं है। वे सारथी को बहुत तरह से समझाकर कहते हैं–

सब बिधि सोइ करतब्य तुम्हारे। दुख न पाव पितु सोच हमारे॥

यह कहना लक्ष्मण को अच्छा नहीं लगता। जिस निष्ठुर पिता ने स्त्री के कहने में आकर वनवास दिया, उसे भला सोच क्या होगा ? पिता के व्यवहार की कठोरता के सामने लक्ष्मण का ध्यान उनके सत्यपालन और परवशता की ओर न गया, उनकी वृत्ति इतनी धीर और संयत न थी कि वे इतनी दूर तक सोचने जाते। पिता के प्रति कुछ कठोर वचन वे कहने लगे। पर राम ने उन्हें रोका और सारथी से बहुत विनती की कि लक्ष्मण की ये बातें पिता से न कहना।

पुनि कछु लखन कही कटु बानी। प्रभु बरजेउ बड़ अनुचित जानी॥
सकुचि राम निज सपथ देवाई। लखन सँदेसु कहिअ जनि जाई॥

यह 'सकुचि' शब्द कितना भावगर्भित है। यह कवि की सूक्ष्म अन्तर्दृष्टि सूचित करता है। मनुष्य का जीवन सामाजिक है। वह समाजबद्ध प्राणी है। उसे अपने ही आचरण पर लज्जा या संकोच नहीं होता, अपने कुटुम्बी, इष्टमित्र या साथी के भद्दे आचरण पर भी होता है। पुत्र की करतूत सुनकर पिता का सिर नीचा होता है, भाई की करतूत सुनकर भाई का। इस बात का अनुभव तो हम बराबर करते हैं कि हमारा साथी हमारे सामने यदि किसी से बातचीत करते समय भद्दे या अश्लील शब्दों का प्रयोग करता है, तो हमें लज्जा मालूम होती है। यह संकोच राम की सुशीलता और लोकमर्यादा का भाव व्यंजित करता है। मर्यादापुरुषोत्तम का चरित्र ऐसे ही कवि के हाथ में पड़ने योग्य था।

सुमन्त ने अयोध्या लौटकर राजा से लक्ष्मण की कही हुई बातें तो न कहीं, पर इस घटना का उल्लेख किये बिना उनसे न रहा गया। क्यों ? क्या लक्ष्मण से उनसे कुछ शत्रुता थी ? नहीं। राम के शील का जो अद्भुत उत्कर्ष उन्होंने देखा, उसे वह हृदय में न रख सके। सुशीलता कें मनोहर दृश्य का प्रभाव मानव-अन्तःकरण पर ऐसा ही पड़ता है। सुमन्त को राम की आज्ञा के विरुद्ध कार्य करने का दोष अपने ऊपर लेना कबूल हुआ; पर उस शील सौन्दर्य की झलक अपने ही तक वह न रख सका, दशरथ को भी उन्होंने दिखाया। कहने की आवश्यकता नहीं कि इस अन्तिम झलक ने राजा को और भी उस वस्तु के पास तक पहुँचा दिया होगा जो आगे चलकर दिखायी गयी है। इसे कहते हैं घटना का सूक्ष्म क्रमविन्यास।

राम और लक्ष्मण के स्वभाव-भेद का बस एक ही चित्र दिखा देना काफी होगा। समुद्र के किनारे खड़े होकर समुद्र से विनय करते-करते राम को तीन दिन बीत गये। तब जाकर राम को क्रोध आया और 'भय बिनु होइ न प्रीति' वाली नीति की ओर उनका ध्यान गया। वे बोले–

लछिमन बान सरासन आनू। सोषौं बारिधि बिसिख कृसानू॥
अस कहि रघुपति चाप चढ़ावा। यह मत लछिमन के मन भावा॥

जिसके बाण खींचते ही 'उठी उदधि उर अंतर ज्याला' उन्होंने पहले तीन दिनों तक हर प्रकार से विनय की। विनय की मर्यादा पूरी होते ही राम ने अपना अतुल पराक्रम प्रकट किया जिसे देख लक्ष्मण को सन्तोष हुआ। विनयवाली नीति उन्हें पसन्द न थी। एक बार दो बार कह देना ही वे काफी समझते थे।

वाल्मीकि ने राम के वनवास की आज्ञा पर लक्ष्मण के महाक्रोध का वर्णन किया है। पर न जाने क्यों वहाँ तुलसीदास जी इसे बचा गये हैं।

चित्रकूट में अपनी कुटिलता का अनुभव करती हुई कैकेयी से राम बराबर इसलिए मिलते हैं कि उसे यह निश्चय हो जाय कि उनके मन में इस कुटिलता का ध्यान कुछ भी नहीं है और उसकी ग्लानि दूर हो। वे बार-बार उसके मन में यह बात जमाना चाहते हैं कि जो कुछ हुआ, उसमें उसका कुछ भी दोष नहीं है। अपने साथ बुराई करनेवाले के हृदय को शान्त और शीतल करने की चिन्ता राम के सिवा और किसको हो सकती है ? दूसरी बात यह ध्यान देने की है कि राम का यह शील-प्रदर्शन उस समय हुआ, जिस समय कैकेयी का अन्तःकरण अपनी कुटिलता का पूर्ण अनुभव करने के कारण इतना द्रवीभूत हो गया था कि शील का संस्कार उस पर सब दिन के लिए जम सकता था। गोस्वामी जी के अनुसार हुआ भी ऐसा ही–

कैकेयी जौ लौं जियत रही।
तौ लौं बात मातु सो मुँह भरि, भरत न भूलि कही।
मानी राम अधिक जननी तें, जननिहुँ गँस न गही॥

इतने पर भी कहीं गाँस रह सकती है?

गार्हस्थ्य जीवन के दाम्पत्य भाव के भीतर सबसे मनोहर वस्तु है उनकी 'एक भार्या' की मर्यादा। इसके कारण यहाँ से वहाँ तक जिस गौरवपूर्ण माधुर्य का प्रसार दिखायी देता है, वह अनिवर्चनीय है। इसकी उपयोगिता का पक्ष दशरथ के चरित्र पर विचार करते समय दिखाया जायेगा।

भक्तों को सबसे अधिक वश में करनेवाला राम का गुण है शरणागत की रक्षा। अत्यन्त प्राचीनकाल से ही शरणागत की रक्षा करना भारतवर्ष में बड़ा भारी धर्म माना जाता है। इस विषय में भारत की प्रसिद्धि सारे सभ्य जगत् में थी। सिकन्दर से हारकर पारस का सम्राट् दारा जब भाग रहा था, तब उसके तीन साथी सरदारों ने विश्वासघात करके उसे मार डाला। उनमें से एक शकस्थान (सीस्तान) का क्षत्रप वरजयन्त था। जब सिकन्दर ने दण्ड देने के लिए इन तीनों विश्वासघातकों का पीछा किया, तब वरजयन्त ने भारतवासियों के यहाँ आकर शरण ली और बच गया। प्राचीन यहूदियों के एक जत्थे का गान्धार और दक्षिण में शरण पाना प्रसिद्ध है। इस्लाम की तलवार के सामने कुछ प्राचीन पारसी जब अपने आर्य धर्म की रक्षा के लिए भागे तब भारतवर्ष ही की ओर उनका ध्यान गया; क्योंकि शरणागत की रक्षा यहाँ प्राण देकर की जाती थी। अपनी हानि के भय से शरणागत का त्याग भारी पाप माना जाता है।

सरनागत कहँ जे तजहिं, निज अनहित अनुमानि।
ते नर पाँवर पापमय, तिन्हहि बिलोकत हानि॥

शरणागत की रक्षा की चिन्ता रामचन्द्र के हृदय से दारुण शोक के समय में भी दूर न हुई। सामने पड़े हुए लक्ष्मण को देखकर वे विलाप कर रहे हैं—

मेरो सब पुरुषारथ थाको।
बिपति बँटावन बंधु बाहु बिनु करौं भरोसो काको?
सुनु सुग्रीव! साँचहू मो सन फेर्‌यो बदन बिधाता।
ऐसे समय समर-संकट हौं तज्यो लषन सो भ्राता॥
गिरि कानन जैहैं साखामृग, हौं पुनि अनुज सँघाती।
है है कहा बिभीषन की गति, रही सोच भरि छाती॥

राम के चरित्र की इस उज्ज्वलता के बीच एक धब्बा भी दिखायी देता है, वह है बालि को छिपकर मारना। वाल्मीकि और तुलसीदास जी दोनों ने इस धब्बे पर सफेद रंग पोतने का प्रयत्न किया है। पर हमारे देखने में तो यह धब्बा ही सम्पूर्ण रामचरित को उच्च आदर्श के अनुरूप एक कल्पना मात्र समझे जाने से बचता है। यदि एक यह धब्बा न होता तो राम की कोई बात मनुष्य की-सी न लगती और वे मनुष्यों के बीच अवतार लेकर भी मनुष्यों के काम के न होते। उनका चरित्र भी उपदेशक महात्माओं की केवल महत्त्वसूचक फुटकर बातों का संग्रह होता, मानव-जीवन की विशद अभिव्यक्ति सूचित करनेवाले सम्बद्ध काव्य का विषय न होता। यह धब्बा ही सूचित करता है कि ईश्वरावतार राम हमारे बीच हमारे भाई-बन्धु बनकर

आये थे और हमारे ही समान सुख-दुःख भोगकर चले गये। वे ईश्वरता दिखाने नहीं आये थे; मनुष्यता दिखाने आये थे। भूलचूक या त्रुटि से सर्वथा रहित मनुष्यता कहाँ होती है ? इसी एक धब्बे के कारण हम उन्हें मानव-जीवन से तटस्थ नहीं समझते, तटस्थ क्या कुछ भी हटे हुए नहीं समझते हैं।

अब थोड़ा भरत के लोकपावन निर्मल चरित्र की ओर ध्यान दीजिये। राम की वनयात्रा के पहले भरत के चरित्र की शृंखला संघटित करनेवाली कोई बात हम नहीं पाते। उनकी अनुपस्थिति में ही रा के अभिषेक की तैयारी हुई, राम वन को गये। ननिहाल से लौटने पर ही उनके शीलस्वरूप का स्फुरण आरम्भ होता है। ननिहाल में जब दुःस्वप्न और बुरे शकुन होते हैं, तब वे माता-पिता और भाइयों का मंगल मनाते हैं। कैकेयी के कुचक्र में अणुमात्र के योग के सन्देह की जड़ यहीं से कट जाती है। कैकेयी के मुख से पिता के मरण का संवाद सुन वे शोक कर ही रहे हैं कि राम के वनगमन की बात सामने आती है जिसके साथ अपना सम्बन्ध—नाममात्र का सही—समझकर वे एकदम ठक हो जाते हैं। ऐसी बुरी बात के साथ सम्बन्ध जोड़नेवाली कैकेयी माता के रूप में नहीं दिखायी देती। थोड़ी देर के लिए उसकी ओर से मातृभाव हट-सा जाता है। ऐसा उज्ज्वल अन्तःकरण ऐसी घोर कालिमा की छाया का स्पर्श तक सहन नहीं कर सकता। यह छाया किस प्रकार हटे, इसी यत्न में वे लग जाते हैं। हृदय का यह सन्ताप बिना शान्तिशील-समुद्र राम के सम्मुख हुए दूर नहीं हो सकता। वे चट विरह-व्यथित पुरवासियों को लिये-दिये चित्रकूट में जा पहुँचते हैं और अपना अन्तःकरण भरी सभा में लोकादर्श राम के सम्मुख खोलकर रख देते हैं। उस आदर्श के भीतर उसकी निर्मलता देख वे शान्त हो जाते हैं और जिस बात से धर्म की मर्यादा रक्षित रहे, उसे करने की दृढ़ता प्राप्त कर लेते हैं।

भरत ने इतना सब क्या लोकलज्जावश किया ? नहीं, उनके हृदय में सच्ची आत्मग्लानि थी, सच्चा सन्ताप था। यदि ऐसा न होता तो अपनी माता कैकेयी के सामने वे दुःख और क्षोभ न प्रकट करते। यह आत्मग्लानि ही उसकी सात्त्विक वृत्ति की गहनता का प्रमाण है। इस आत्मग्लानि के कारण का अनुसन्धान करने पर हम उस तत्त्व तक पहुँचते हैं जिसकी प्रतिष्ठा रामायण का प्रधान लक्ष्य है। आत्मग्लानि अधिकतर अपने किसी बुरे कर्म को सोचकर होती है। भरत जी कोई बुरी बात अपने मन में लाये तक न थे, फिर यह आत्मग्लानि कैसी ? यह ग्लानि अपने सम्बन्ध में लोक की बुरी धारणा के अनुमानमात्र से उन्हें हुई थी। लोग प्रायः कहा करते हैं कि अपना मन शुद्ध है, तो संसार के कहने से क्या होता है ? यह बात केवल साधना की ऐकान्तिक दृष्टि से ठीक है, लोकसंग्रह की दृष्टि से नहीं। आत्मपक्ष और लोकपक्ष दोनों का समन्वय रामचरित का लक्ष्य है। हमें अपनी अन्तर्वृत्ति भी शुद्ध और सात्त्विक रखनी चाहिए और अपने सम्बन्ध में लोक की धारणा भी अच्छी बनानी चाहिए। जिसका प्रभाव लोक पर न पड़े, उसे मनुष्य का पूर्ण विकास नहीं कह सकते। यदि हम वस्तुतः सात्त्विकशील हैं, पर लोग भ्रमवश या और किसी कारण

हमें बुरा समझ रहे हैं, तो हमारी सात्त्विकशीलता समाज के किसी उपयोग की नहीं। हम अपनी सात्त्विकशीलता अपने साथ लिये चाहे स्वर्ग का सुख भोगने चले जायँ, पर अपने पीछे दस-पाँच दिन के लिए भी कोई शुभ प्रभाव न छोड़ जायेंगे। ऐसे ऐकान्तिक जीवन का चरित्र जिसमें प्रभविष्णुता न हो, रामायण का लक्ष्य नहीं है। रामायण, भरत ऐसे पुण्यश्लोक को सामने करता है जिनके सम्बन्ध में राम कहते हैं–

मिटिहहिं पाप प्रपंच सब, अखिल अमंगल भार।
लोक सुजस, परलोक सुख, सुमिरत नाम तुम्हार॥

जिन भरत को अपयश की इतनी ग्लानि हुई, जिनके हृदय से धर्मभाव कभी न हटा, उनके नाम के स्मरण से लोक में यश और परलोक में सुख दोनों क्यों न प्राप्त हों ?

भरत के हृदय का विश्लेषण करने पर हम उसमें लोकभीरुता, स्नेहार्द्रता, भक्ति और धर्मप्रवणता का मेल पाते हैं ! राम के आश्रम पर जाकर उन्हें देखते ही भक्तिवश 'पाहि ! पाहि !' कहते हुए वे पृथ्वी पर गिर पड़ते हैं। सभा के बीच में जब वे अपने हृदय की बात निवेदन करने खड़े होते हैं, तब भ्रातृस्नेह उमड़ आता है, बाल्यावस्था की बातें आँखों के सामने आ जाती हैं। इतने में ग्लानि आ दबाती है और वे पूरी बात भी नहीं कह पाते हैं–

पुलकि सरीर सभा भए ठाढ़े। नीरज नयन नेह जल बाढ़े॥
कहब मोर मुनिनाथ निबाहा। एहि तें अधिक कहौं मैं काहा॥
मैं जानौं निज नाथ सुभाऊ। अपराधिहुँ पर कोह न काऊ॥
मो पर कृपा सनेहु बिसेषी। खेलत खुनिस न कबहूँ देखी॥
सिसुपन तें परिहरेउ न संगू। कबहुँ न कीन्ह मोर मन भंगू॥
मैं प्रभु कृपा रीति जिय जोही। हारेहु खेल जितावहिं मोही॥
महूँ सनेह सकोच बस सनमुख कहेउ न बैन।
दरसन तृपित न आजु लगि पेम पिआसे नैन॥
बिधि न सकेउ सहि मोर दुलारा। नीच बीच जननी मिस पारा॥
यहउ कहत मोहि आजु न सोभा। अपनीं समुझि साधु सुचि को भा॥
मातु मंद मैं साधु सुचाली। उर अस आनत कोटि कुचाली॥
फरइ कि कोदव बालि सुसाली। मुकता प्रसव कि संबुक ताली॥
बिनु समुझे निज अघ परिपाकू। जारेउँ जाय जननि कहि काकू॥
हृदय हेरि हारेउँ सब ओरा। एकहि भाँति भलेहिं भल मोरा॥
गुर गोसाइँ, साहिब सिय रामू। लागत मोहिं नीक परिनामू॥

भरत को इस बात पर ग्लानि होती है कि मैं आप अच्छा बनकर माता को भला-बुरा कहने लगा। 'अपनी समुझि साधु सुचि को भा?' जिसे दिन भले आदमी–पवित्र और सज्जन लोग, जड़ और नीच नहीं–साधु और शुचि मानें, उसी की साधुता और

शुचिता किसी काम की है। इस ग्लानि के दुःख से उद्धार पाने की आशा एक इसी बात से होती है कि गुरु और स्वामी वशिष्ठ तथा राम ऐसे ज्ञानी और सुशील हैं। कहने की आवश्यकता नहीं कि यह आशा ऐसे दृढ़ आधार पर थी, कि पूर्ण रूप से फलवती हुई। भरत केवल लोक की दृष्टि से पवित्र ही न हुए। लोक को पवित्र करनेवाले भी हुए। राम ने उन्हें धर्म का साक्षात् स्वरूप स्थिर किया और स्पष्ट कह दिया कि–

'भरत! भूमि रह राउरि राखी।'

अब सत्य और प्रेम के विरोध में दोनों की एक साथ रक्षा करनेवाले परम यशस्वी महाराज दशरथ को लीजिये। वे राम को वनवास देने में सत्य की रक्षा और प्रतिष्ठा का पालन हृदय पर पत्थर रखकर–उमड़ते हुए स्नेह और वात्सल्य भाव को दबाकर करते हुए पाये जाते हैं। इसके उपरान्त हम उन्हें स्नेह के निर्वाह में तत्पर और प्रेम की पराकाष्ठा को पहुँचते हुए पाते हैं। सत्य की रक्षा उन्होंने प्रियपुत्र को बनवास देकर और स्नेह की रक्षा प्राण देकर की। यही उनके चरित्र की विशेषता है–यही उनके जीवन का महत्त्व है। नियम और शील धर्म के दो अंग हैं। नियम का सम्बन्ध विवेक से है और शील का हृदय से। सत्य बोलना, प्रतिज्ञा का पालन करना नियम के अन्तर्गत है। नियम के लिए आचरण ही देखा जाता है, हृदय का भाव नहीं देखा जाता। केवल नाम की इच्छा रखनेवाला पाखण्डी भी नियम का पालन कर सकता है–और पूरी तरह कर सकता है। पर शील के लिए सात्त्विक हृदय चाहिए। कभी-कभी ऐसी विकट स्थिति आ पड़ती है कि एक को राह देने से दूसरे का उल्लंघन अनिवार्य हो जाता है। किसी निरपराध को फाँसी हुआ चाहती है। हम देख रहे हैं कि थोड़ा-सा झूठ बोल देने से उसकी रक्षा हो सकती है। अतः एक ओर तो दया हमें झूठ बोलने की प्रेरणा कर रही है, दूसरी ओर 'नियम' हमें ऐसा करने से रोक रहा है। इतने भारी शीलसाधन के सामने तो हमें अवश्य नियम शिथिल कर देना पड़ता है। पर जहाँ शीलपक्ष इतना ऊँचा नहीं है, वहाँ उभयपक्ष की रक्षा का मार्ग ढूँढ़ना पड़ेगा।

दशरथ के सामने दोनों पक्ष प्रायः समान थे–बल्कि यों कहिये कि नियम की ओर का पलड़ा कुछ झुकता हुआ था। एक ओर तो सत्य की रक्षा थी, दूसरी ओर प्राण से भी अधिक प्रिय पुत्र का स्नेह। पर पुत्रवियोग का दुःख दशरथ के ही ऊपर पड़नेवाला था। (कौशल्या के दुःख को भी परिजन का दुःख समझकर दशरथ का ही दुःख समझिये)। इससे अपने ऊपर पड़नेवाले दुःख के डर से सत्य का त्याग उनसे न करते बना। उन्होंने सत्य की रक्षा की, फिर अपने ऊपर पड़नेवाले दुःख की परमावस्था को पहुँचकर स्नेह की भी रक्षा की। इस प्रकार सत्य और स्नेह, नियम और शील दोनों की रक्षा हो गयी। रामचन्द्र जी भरत को समझाते हुए इस विषय को स्पष्ट करके कहते हैं–

राखेउ राउ सत्य मोहि त्यागी। तनु परिहरेउ पेम पनु लागी॥

शील और नियम, आत्मपक्ष और लोकपक्ष के समन्वय द्वारा धर्म की यही सर्वतोमुख रक्षा रामायण का गूढ़ रहस्य है। यह धर्म के किसी अंग को नोचकर दिखानेवाला ग्रन्थ नहीं है। यह देखकर बार-बार प्रसन्नता होती है कि आर्य धर्म का यह सम्पुट हिन्दी कवियों में से एक ऐसे महात्मा के हाथ में पड़ा जिसमें उसके उद्घाटन की सामर्थ्य थी। देखिये, किस प्रकार उन्होंने राम के मुख से उपर्युक्त विवेचन का सार चौपाइयों के दो चरणों में ही कहला दिया।

रामायण की घटना के भीतर तो दशरथ का यह महत्त्व ही सामने आता है। पर कथोपकथन रूप में जो कविकल्पित चित्रण है, उसमें वाल्मीकि और तुलसीदास दोनों ने दशरथ की अन्तर्वृत्ति का कुछ और भी आभास दिया है। विश्वामित्र जब बालक राम-लक्ष्मण को माँगने लगे, तब दशरथ ने देने में बहुत आगा-पीछा किया। वे सब-कुछ देने को तैयार थे, पर पुत्रों को देना नहीं चाहते थे। वृद्धावस्था में पाये हुए पुत्रों पर इतना स्नेह स्वाभाविक ही था! वे मुनि से कहते हैं—

चौथेपन पाएउँ सुत चारी। बिप्र बचन नहिं कहेउ बिचारी॥
मागहु भूमि धेनु धन कोसा। सर्बस देउँ आजु सह रोसा॥
देह प्रान तें प्रिय कछु नाहीं। सोउ मुनि देउँ निमिष एक माहीं॥
सब सुत प्रिय मोहि प्रान की नाईं। राम देत नहिं बनइ गोसाईं॥

इससे प्रकट होता है कि उनका वात्सल्य स्नेह ऐसा न था कि वे साधारण कारणवश उनकी प्रेरणा के विरुद्ध कुछ करने जाते। मुनि के साथ जो उन्होंने बालकों को कर दिया, वह एक तो शाप के भय से, दूसरे उनकी अस्त्रशिक्षा की आशा से।

उस वृद्धावस्था में वे अपनी छोटी रानी के वश में थे, यह उस घबराहट से प्रकट होता है, जो उसका कोप सुनकर उन्हें हुई। वे उसके पास जाकर कहते हैं—

अनहित तोर प्रिया केहि कीन्हा। केहि दुइ सिर केहि जम चह लीन्हा॥
कहु केहि रंकहि करहुँ नरेसू। कहु केहि नृपहि निकासौं देसू॥
जानसि मोर सुभाउ बरोरू। मनु तव आनन चंद चकोरू॥
प्रिया प्रान सुत सरबस मोरें। परिजन प्रजा सकल बस तोरे॥

प्राण, पुत्र, परिजन, प्रजा सबको कैकेयी के वश में कहना स्वयं राजा का कैकेयी के वश में होना अभिव्यंजित करता है। एक स्त्री के कहने से किसी मनुष्य को यमराज के यहाँ भेजने के लिए, किसी दरिद्र को राजा बनाने के लिए, किसी राजा को देश से निकालने के लिए तैयार होना, स्त्रैण होने का ही परिचय देना है। कैकेयी के सामने जाने पर न्याय और विवेक थोड़ी देर के लिए विश्राम ले लेते थे। वाल्मीकि जी ने भी इसी प्रकार की बातें उस अवसर पर दशरथ से कहलायी हैं।

दशरथ के हृदय की इस दुर्बलता के चित्र के भीतर प्रचलित दाम्पत्यविधान का वह दोष भी झलकता है जिसके पूर्ण परिहार का पथ आगे चलकर मर्यादा पुरुषोत्तम भगवान् रामचन्द्र ने अपने आचरण द्वारा प्रदर्शित किया। आधा उम्र तक विवाह-पर-विवाह करते जाने का परिणाम अन्त में एक ऐसा बेमेल जोड़ी होता है जो सब मामलों का मेल बिगाड़ देता है और जीवन किरकिरा हो जाता है। एक में

तो प्रेम रहता है, दूसरे में स्वार्थ। अतः एक तो दूसरे के वश में हो जाता है और दूसरा उसके वश के बाहर रहता है। एक तो प्रेमवश दूसरे के सुख-सन्तोष के प्रयत्न में रहा करता है, दूसरा उसके सुख-सन्तोष का वहीं तक परवाह रखता है जहाँ तक उससे स्वार्थसाधन होता है। राम ने 'एक भार्या' की मर्यादा द्वारा जिस प्रकार के अपूर्व माधुर्य और सौन्दर्य का विकास दिखाया, उसी प्रकार अपने पिता की परिस्थिति से भिन्न अपनी परिस्थिति भी लोक को दिखायी। कैकेयी ने एक बार दशरथ के साथ युद्धस्थल में जाकर पहिये में उँगली लगायी थी और उसके बदले में दो वरदान लिये थे, तो सीता चौदह वर्ष राम के साथ जंगलों-पहाड़ों में मारी-मारी फिरीं और उस मारे-मारे फिरने को ही उन्होंने अपने लिये बड़ा भारी वरदान समझा। अन्त में जब राजधर्म की विकट समस्या सामने आती है, तब हम राम को ठीक उसका उलटा करने में समर्थ पाते हैं, जो दशरथ ने कैकेयी को प्रसन्न करने के लिए कहा था। दशरथ एकमात्र कैकेयी को प्रसन्न करने के लिए किसी राजा को बिना अपराध देश से निकालने के लिए तैयार हुए थे। पर राम प्रजा को प्रसन्न करने के लिए बिना किसी अपराध के प्राणों से भी प्रिय सीता को निकालने को तैयार हुए। दशरथ अपनी स्त्री के कहने से किसी राजा तक को देश से निकालते, पर राम ने एक धोबी के कहने से अपनी स्त्री को निकाल दिया। इतने पर भी सीता और राम में जो परस्पर गूढ़ प्रेम था, उसमें कुछ भी अन्तर न पड़ा। सीता ने स्वामी के इस व्यवहार का कारण राजधर्म की कठोरता ही समझा। यह नहीं समझा कि राम का प्रेम मेरे ऊपर कम हो गया।

सात्त्विक, राजस और तामस इन तीन प्रकृतियों के अनुसार चरित्र विभाग करने से दो प्रकार के चित्रण हम गोस्वामी जी में पाते हैं—आदर्श और सामान्य। आदर्श चित्रण के भीतर सात्त्विक और तामस दोनों आते हैं। राजस को हम सामान्य चित्रण के भीतर ले सकते हैं। इस दृष्टि से सीता, राम, भरत, हनुमान् और रावण आदर्श चित्रण के भीतर आयेंगे तथा दशरथ, लक्ष्मण, विभीषण, सुग्रीव, कैकेयी सामान्य चित्रण के भीतर। आदर्श चित्रण में हम या तो यहाँ से वहाँ तक सात्त्विक वृत्ति का निर्वाह पायेंगे या तामस का। प्रकृति-भेद-सूचक अनेकरूपता उसमें न मिलेगी। सीता, राम, भरत, हनुमान् ये सात्त्विक आदर्श हैं; रावण तामस आदर्श है।

सात्त्विक आदर्शों का वर्णन हो चुका। हनुमान् के सम्बन्ध में इतना समझ रखना आवश्यक है कि वे सेवक के आदर्श हैं। सेव्यसेवक भाव का पूर्ण स्फुरण उनमें दिखायी पड़ता है। बिना किसी प्रकार के पूर्व परिचय के राम को देखते ही उनमें शील, सौन्दर्य और शक्ति के साक्षात्कारमात्र पर मुग्ध होकर पहले पहल आत्मसमर्पण करनेवाले भक्तिराशि हनुमान् ही हैं। उनके मिलते ही मानो भक्ति के आश्रय और आलम्बन दोनों पक्ष पूरे हो गये और भक्ति की पूर्ण स्थापना लोक में हो गयी। इसी रामभक्ति के प्रभाव से हनुमान् सब रामभक्तों की भक्ति के अधिकारी हुए।

सेवक में जो गुण चाहिए, सब हनुमान् में लाकर इकट्ठे कर दिये गये हैं। सबसे आवश्यक बात तो यह है कि स्वामी के कार्यों के लिए, सब-कुछ करने के लिए उनमें निरलसता और तत्परता हम हर समय पाते हैं। समुद्र के किनारे सब बन्दर बैठे समुद्र पार करने की चिन्ता कर ही रहे थे, अंगद फिरने का संशय करके आगा-पीछा कर ही रहे थे कि वे चट समुद्र लाँघ गये। लक्ष्मण को जब शक्ति लगी, तब वैद्य को भी चट हनुमान् ही लाये थे और ओषधि के लिए भी पवन वेग से वे ही दौड़े। सेवक को अमानी होना चाहिए। प्रभु के कार्यसाधन में उसे अपने मान-अपमान का ध्यान न रखना चाहिए। अशोक वाटिका में से पकड़कर राक्षस उन्हें रावण के सामने ले जाते हैं। रावण उन्हें अनेक दुर्वाद कहकर हँसता है। इस पर उन्हें कुछ भी क्रोध नहीं आता। अंगद की तरह 'हौं तव दसन तोरिबे लायक' वे नहीं कहते हैं। ऐसा करने से प्रभु के कार्य में हानि हो सकती थी। अपने मान का ध्यान करके स्वामी का कार्य बिगाड़ना सेवक का कर्त्तव्य नहीं। वे रावण से साफ कहते हैं—

मोहि न कछु बाँधे कइ लाजा। कीन्ह चहौं निज प्रभु कर काजा॥

जिस प्रकार राम, राम थे, उसी प्रकार रावण, रावण था। वह भगवान् को उन ललकारनेवालों में से था, जिसकी ललकार पर उन्हें आना पड़ा था। बालकाण्ड में गोस्वामी जी ने पहले उसके उन अत्याचारों का वर्णन करके, जिनसे पीड़ित होकर दुनिया पनाह माँगती थी, तब राम का अवतार होना कहा है। वह उन राक्षसों का सरदार था, जो गाँव जलाते थे, खेती उजाड़ने में, चौपाये नष्ट करते थे, ऋषियों को यज्ञ आदि नहीं करने देते थे। किसी की कोई अच्छी चीज देखते तो छीन लेते थे और जिनके खाये हुए लोगों की हड्डियों से दक्खिन का जंगल भरा पड़ा था। चंगेज खाँ और नादिरशाह तो मानो लोगों को उसका कुछ अनुमान कराने के लिए आये थे। राम और रावण को चाहे अहुरमज्द और अह्रमन समझिये, चाहे खुदा और शैतान। फर्क इतना ही समझिये कि शैतान और खुदा की लड़ाई का मैदान इस दुनिया से जरा दूर पड़ता था और राम-रावण की लड़ाई का मैदान यह दुनिया ही थी।

ऐसे तामस आदर्श में धर्म के लेश का अनुसन्धान निष्फल ही समझ पड़ेगा। यह हमारे यहाँ की पुरानी अक्ल के अनुसार धर्म के कुछ आधार बिना कोई प्रताप और ऐश्वर्य के साथ एक क्षण नहीं टिक सकता, रावण तो इतने दिनों तक पृथ्वी पर रहा। अतः उसमें धर्म का कोई-न-कोई अंग अवश्य था। वह अंग अवश्य था, जिससे शक्ति और ऐश्वर्य की प्राप्ति होती है। उसमें कष्टसहिष्णुता थी। वह बड़ा भारी तपस्वी था। उसकी धीरता में भी कोई सन्देह नहीं है। भाई, पुत्र, जितने कुटुम्बी थे, सबके मारे जाने पर भी वह उसी उत्साह के साथ लड़ता रहा। अब रहे धर्म के सत्य आदि और अंग जो किसी की रक्षा के लिए आवश्यक होते हैं। उनका पालन राक्षसों के बीच वह अवश्य करता रहा होगा। उसके बिना राक्षस कुल रह कैसे सकता था ? पर धर्म का पूर्ण भाव लोकव्यापकत्व में है। यों तो चोर और डाकू भी अपने दल के भीतर परस्पर के व्यवहार में धर्म बनाये रखते हैं। लोकधर्म वह है जिसके

आचरण से पहले तो किसी को दुःख न पहुँचे; यदि पहुँचे भी तो विरुद्ध आचरण करने से जितने लोगों को पहुँचता है, उससे कम लोगों को। सारांश यह कि रावण में केवल अपने लिये और अपने दल के लिए शक्ति अर्जित करने भर को धर्म था, समाज में उसकी शक्ति का सदुपयोग करनेवाला धर्म नहीं था। रावण पण्डित था, तपस्वी था, राजनीतिकुशल था, धीर था, वीर था, पर सब गुणों का उसने दुरुपयोग किया। उसके मरने पर उसका तेज राम के मुख में समा गया। सत् से निकलकर जो शक्ति असत्रूप हो गयी थी, वह सत् में विलीन हो गयी।

अब सामान्य चित्रण लीजिये। राम के साथ लक्ष्मण का शीलनिरूपण कुछ हो चुका है। यहाँ केवल यही कहना कि उनकी क्षमता ऐसी न थी जो करुणा या दया के गहरे अवसरों पर भी कोमलता या आर्द्रता न आने दे। सीता को जब वे वाल्मीकि के आश्रम पर छोड़ने गये थे, तब वे करुणभाव में मग्न थे। उनके मुँह से कोई बात न निकली थी। वे राम के बड़े भारी आज्ञाकारी थे। वे अपने हृदय के वेग को सहकर भी उनकी आज्ञा का पालन करते थे। क्रोध उन्हें कटु वचन के लिए उभारता था, पर राम का रुख देखते ही वे चुप हो जाते थे। सीता के वनवास की कठोर आज्ञा राम के मुख से सुनते ही वे सूख गये, करुणा से विह्वल हो गये। पर जी कड़ा करके वे सीता को पहुँचा आये। आज्ञाकारिता के लिए वे आदर्श हुए। पर यह नियम भी ऐसे अवसरों पर उन्होंने शिथिल कर दिया, जब आज्ञा के पालन में उन्होंने अधिक हानि देखी और उल्लंघन का परिणाम केवल अपने ही ऊपर देखा। इन सब बातों के विचार से उनका चरित्र सामान्य के भीतर ही रखा है।

गृहनीति की दृष्टि से विभीषण शत्रु से मिलकर अपने भाई और कुल का नाश करनेवाले दिखायी पड़ते हैं पर और विस्तीर्ण क्षेत्र के भीतर लेकर देखने से उनके इस स्वरूप की कलुषता प्रायः नहीं के बराबर हो जाती है। गोस्वामी जी ने इसी विस्तृत दृष्टि से उनके चरित्र का चित्रण किया है। विभीषण रामभक्त थे, अर्थात् सात्त्विक गुणों पर श्रद्धा रखनेवाले थे। वे राम के लोकविश्रुत शील, शक्ति और सौन्दर्य पर मुग्ध थे। भाई के राज्य के लोभ के कारण वे राम से नहीं मिले थे। इस बात का निश्चय उनके बार-बार तिरस्कृत होने पर भी रावण को समझाते जाने से हो जाता है। यदि उन्हें राज्य का लोभ होता तो वे एक ओर तो रावण को युद्ध के लिए उत्तेजित करते, दूसरी ओर भीतर से शत्रु की सहायता करते। पर वे रावण की लात खाकर खुल्लम-खुल्ला राम की शरण में यह कहते हुए गये–

राम सत्यसंकल्प प्रभु सभा कालबस तोरि।
मैं रघुबीर सरन अब जाउँ देहु जनि खोरि॥

लोभवश न सही, शायद विभीषण भाई के व्यवहार से रूठकर क्रोधवश राम से जा मिले हों। इस सन्देह का निवारण रावण के लात मारने पर विभीषण का कुछ भी क्रोध न करना दिखाकर गोस्वामी जी ने किया है। लात मारने पर विभीषण इतना ही कहते हैं–

तुम पितु सरिस भलेहिं मोहि मारा। रामु भजें हित नाथ तुम्हारा ॥[1]

इस स्थल पर गोस्वामी जी का चरित्र-निर्वाह-कौशल झलकता है। यदि यहाँ थोड़ी-सी भी असावधानी हो जाती, विभीषण क्रोध करते हुए दिखा दिये जाते, तो जिस रूप में विभीषण का चरित्र वे दिखलाना चाहते थे, वह बाधित हो जाता। अधिकतर यह समझा जाता कि क्रोध के आवेश में विभीषण ने रावण का साथ छोड़ा। कवि ने विभीषण को साधु प्रकृति का बनाया है। हरी हुई सीता को लौटाने के बदले रावण का राम से लड़ने के लिए तैयार होना असाधुता की चरम सीमा थी, जिसे विभीषण की साधुता न सह सकी, गोस्वामी जी का पक्ष यह है। विभीषण की साधुता औसत दरजे की थी। वह इतनी बढ़ी नहीं थी कि राम द्वारा दिये हुए भाई के राज्य की ओर से वे उदासीनता प्रकट करते।

सुग्रीव का चरित्र तो और भी औसत दरजे का है; न उनकी भलाई ही किसी भारी हद तक पहुँची हुई दिखायी देती थी, न बुराई ही। राम के साथ उन्होंने मैत्री की और राम का कुछ कार्यसाधन करने के पहले ही बड़े भाई का राज्य पाया। पर जैसा कि साधारणतः मनुष्य का स्वभाव (बन्दर का स्वभाव कहने से और कुछ कहते ही नहीं बनेगा) होता है, वे सुखविलास में फँसकर राम का कार्य भूल गये। जब हनुमान् ने चेताया, तब वे घबराये और अपने कर्त्तव्य में दत्तचित्त हुए।

अब तक जिस चित्रण का वर्णन हुआ है, वह एक व्यक्ति का चित्रण है। इसी प्रकार किसी समुदाय-विशेष की प्रकृति का भी चित्रण होता है; जैसे स्त्रियों की प्रकृति का, बालकों की प्रकृति का। स्त्रियों की प्रकृति की जैसी तद्रूप छाया हम मानस के अयोध्याकाण्ड में देखते हैं, वैसी छाया के प्रदर्शन का प्रयत्न तक हम और किसी हिन्दी कवि में नहीं पाते। नीची श्रेणी की स्त्रियों के सामने बहुत कम प्रकार के विषय आते हैं। मनुष्य का मन ऐसी वस्तु है कि अपनी प्रवृत्ति के अनुसार लगे रहने के लिए उसे कुछ-न-कुछ चाहिए। वह खाली नहीं रह सकता। इससे वे अपने रागद्वेष के अनेक आधार यों ही, बिना कारण, ढूँढ़कर खड़ा करती रहती हैं। यदि वे चार आदमियों के बीच रख दी जायें, तो हम बहुत थोड़े दिनों में देखेंगे कि कुछ तो उनके अनुराग के पात्र हो गये हैं और कुछ द्वेष के। मूर्ख स्त्रियों की यह विशेषता ध्यान देने योग्य है। अपने लिये राग और द्वेष का पात्र चुन लेने पर वे अपने वाग्विलास और भावपरिपाक के लिए सहयोगी ढूँढ़ती हैं। मन्थरा का इसी अवस्था में हम पहले पहल दर्शन पाते हैं। न जाने उसे क्यों कौशल्या अच्छी नहीं लगतीं, कैकेयी अच्छी लगती है।[2] राम के अभिषेक की तैयारी देखकर वह कुढ़ जाती है और मुँह लटकाये कैकेयी के पास आ खड़ी होती है। कैकेयी को उसके अनुराग का पता चाहे

1. वाल्मीकि का वर्णन भी इसी प्रकार है।
2. वाल्मीकि जी ने उसे 'कैकेयी के मातृकुल की दासी' कहकर कारण का पूरा संकेत कर दिया है। इस प्रकार की दासी का व्यवहार घर के और लोगों के साथ कैसा रहता है, यह हिन्दू गृहस्थ मात्र जानते हैं पर गोस्वामी जी ने कारण का संकेत न देकर उसकी प्रवृत्ति को मूर्ख स्त्रियों की सामान्य प्रवृत्ति—नारी चरित के अन्तर्गत रखा है।

रहा हो, पर अभी तक के द्वेष का पता बिलकुल नहीं है। वह मुँह लटकाने का कारण पूछती हैं। तब–

ऊतरु देइ नहिं लेइ उसासू। नारि चरित करि ढारइ आँसू॥
हँसि कह रानि गालु बड़ तोरें। दीन्ह लखन सिख अस मन मोरे॥
तबहुँ न बोल चेरि बड़ि पापिनि। छाड़इ स्वास कारि जनु साँपिनि॥

उसकी इस मुद्रा से प्रकट होता है कि उसने अपने द्वेष का आभास इसके पहले कैकेयी को नहीं दिया था, यदि दिया भी रहा होगा, तो बहुत कम। जल्दी उत्तर न देने से यह सूचित होता है कि जो बात वह कहना चाहता है, वह कैकेयी के लिए बिलकुल नयी है, अतः उसे सहसा नहीं कह सकती। किस ढंग से कहे, यह सोचने में उसे कुछ काल लग जाता है। इसके अतिरिक्त किसी के सामने अब तक न प्रकट किये गये दुःख के वेग का भार भी दबाये हुए है। इतने में 'गाल बड़ तोरे' इस वाक्य से जी की बात धीरे-धीरे बाहर करने का एक रास्ता निकलता है। वह अपनी वही मुद्रा कायम रखती हुई कहती है–

कत सिख देइ हमहि कोउ माई। गालु करब केहि कर बलु पाई ?

'किसका बल पाकर गाल करूँगी ?' इसका मतलब यही है कि मुझे एक तुम्हारा ही बल ठहरा–मैं तुम्हें चाहती हूँ कि तुम मुझे चाहती हो–सो मैं देखती हूँ कि तुम्हारी यहाँ कोई गिनती ही नहीं है। क्रोध, द्वेष आदि के उद्गार को इस प्रकार क्रम-क्रम से निकालने की पटुता स्त्रियों में स्वाभाविक होती है, क्योंकि पुरुषों के दबाव में रहने के कारण तथा अधिक लज्जा, संकोच के कारण ऐसे भावों के वेग को एकबारगी निकालने का अवसर उन्हें कम मिलता है।

रानी पूछती है कि, "सब लोग कुशल से तो हैं?" इसका उत्तर उसी प्रणाली का अनुसरण करती हुई वह देती है–

रामहि छाँड़ि कुसल केहि आजू। जेहि जनेसु देइ जुवराजू॥
भयउ कौसिलहि बिधि अति दाहिन। देखत गरब रहत उर नाहिन॥

किसी को क्रमशः अपनी भावपद्धति पर लाना, थोड़ा-बहुत जिसे कुछ भी बात करना आता है, उसे ही आता है। जिस प्रकार अपनी विचारपद्धति पर लाने के लिए क्रमशः प्रमाण पर प्रमाण देते जाने की आवश्यकता होती है उसी प्रकार क्रमशः किसी के हृदय को किसी भावपद्धति पर लाने के लिए उसके अनुकूल मनोविकार उत्पन्न करते चलने की आवश्यकता होती है। राम के प्रति द्वेष भाव उत्पन्न करने के लिए मन्थरा सपत्नी को सामने रखती है जिसके गर्व और अभिमान को न सह सकना स्त्रियों में स्वाभाविक होता है। सपत्नी के घमण्ड की बात जी में आने पर कहाँ तक ईर्ष्या न उत्पन्न होगी ? इस ईर्ष्या के साथ भरत के प्रति वात्सल्य भाव भी तो कुछ जगाना चाहिए। इस विचार से फिर मन्थरा कहती है–

पूतु बिदेस न सोचु तुम्हारे। जानति हहु बस नाहु हमारे॥

इतना होने पर भी राजा की कुटिलता के निश्चय द्वारा जब तक राजा के प्रति कुछ क्रोध उत्पन्न न होगा, तब तक कैकेयी में आवश्यक कठोरता और दृढ़ता कहाँ

से आयेगी ? कैकेयी के मन में यह बात जम जानी चाहिए कि भरत जान-बूझकर हटा दिय गये हैं। इसके लिए ये वचन हैं–

नींद बहुत प्रिय सेज तुराई। लखहु न भूप कपट चतुराई॥

इस पर कैकेयी जब कुछ फटकारती है और बार-बार उसके खेद का कारण पूछती है, तब वह ऐसा खेद प्रकट करती है जैसा उसको होता है जो किसी से उसके परम हित की बात कहना चाहता है, पर वह उसे केवल तुच्छ या छोटा समझकर ध्यान ही नहीं देता। उसके वचन ठीक वे ही हैं जो ऐसे अवसर पर स्त्रियों के मुख से निकलते हैं।

एकहिं बार आस सब पूजी। अब कछु कहब जीभ करि दूजी॥
फोरै जोगु कपारु अभागा। भलेउ कहत दुख रउरेहिं लागा॥
कहहिं झूँठ फुर बात बनाई। ते प्रिय तुम्हहि करुइ मैं माई॥
हमहुँ कहब अब ठकुरसोहाती। नाहिं त मौन रहब दिन राती॥
करि कुरूप बिधि परबस कीन्हा। बवा सो लुनिअ लहिअ जो दीन्हा॥

मन्थरा अब अपने उस भाग्य को दोष दे रही है जिसके कारण वह ऐसी कुरूप हुई, दासी के घर उसका जन्म हुआ, उसकी बात की कोई कुछ कद्र ही नहीं करता, वह अच्छा भी कहती है तो लोगों को बुरा लगता है। विश्वास न करनेवालों के सामने कुछ तटस्थ होकर अपने भाग्य को दोष देने लगना, विश्वास उत्पन्न करने का एक ऐसा ढंग है, जिसे कुछ लोग विशेषतः स्त्रियाँ, स्वभावतः काम में लाती हैं। इससे श्रोता का ध्यान उसके खेद की सच्चाई पर चला जाता है और फिर क्रमशः उसकी बातों की ओर आकर्षित होने लगता है। इस खेद की व्यंजना प्रायः 'उदासीनता' के द्वारा की जाती है; जैसे "हमें क्या करना है ? हमने आपके भले के लिए कहा था। कुछ स्वभाव ही ऐसा पड़ गया है कि किसी का अहित देखा नहीं जाता।" मन्थरा के कहे हुए खेदव्यंजक उदासीनता के ये शब्द सुनते ही झगड़ा लगानेवाली स्त्री का रूप सामने खड़ा हो जाता है–

कोउ नृप होउ हमहिं का हानी। चेरि छाँड़ि अब होब कि रानी॥
जारै जोग सुभाउ हमारा। अनभल देखि न जाइ तुम्हारा॥

अब तो कैकेयी को विश्वास हो रहा है, यह देखते ही वह राम के अभिषेक से होनेवाली कैकेयी की दुर्दशा का चित्र खींचती है और यह भी कहती जाती है कि राम का तिलक होना मुझे अच्छा लगता है, राम में कोई द्वेष नहीं है; पर आगे तुम्हारी क्या दशा होगी, यही सोचकर मुझे व्याकुलता होती है–

रामहि तिलक कालि जौं भयऊ। तुम कहँ बिपति बीज बिधि बयऊ॥
रेख खँचाइ कहउँ बल भाखी। भामिनि भइहु दूध कै माखी॥
जौं सुत सहित करहु सेवकाई। तौ घर रहहु न आन उपाई॥

इस भावी दृश्य की कल्पना से भला कौन स्त्री क्षुब्ध न होगी ? किसी बात पर विश्वास करने या न करने की भी मनुष्य की रुचि नहीं होती है। जिस बात पर विश्वास करने की मनुष्य की रुचि नहीं होती, उसके प्रमाण आदि वह सुनता ही नहीं; सुनता भी है तो ग्रहण नहीं करता। मन्थरा ने पहले अपनी बात पर विश्वास करने

की रुचि भिन्न-भिन्न मनोविकारों के उद्दीपन द्वारा कैकेयी में उत्पन्न की। जब यह रुचि उत्पन्न हो गयी, तब स्वभावतः कैकेयी का अन्तःकरण भी उसके समर्थन में तत्पर हुआ–

सुनु मंथरा बात फुरि तोरी। दहिनि आँख नित फरकइ मोरी॥
दिन प्रति देखउँ राति कुसपने। कहउँ न तोहिं मोह बस अपने॥
काह करौं सखि सूध सुभाऊ। दाहिन बाम न जानौं काऊ॥

इस प्रकार जो भावी हृदय मन में जम जाता है, उससे कैकेयी के हृदय में घोर नैराश्य उत्पन्न होता है। वह कहती है–

नैहर जनमु भरब बरु जाई। जिअत न करब सवति सेवकाई॥
अरि बस दैउ जिआवत जाही। मरनु नीक तेहि जीवन चाही॥

इस दशा में मन्थरा उसे सँभालती है और इस कार्य में तत्पर करने के लि आशा बँधाती हुई उत्साह उत्पन्न करती है–

जे राउर अति अनभल ताका। सोइ पाइहि यय फलु परिपाका॥
पूँछेउँ गुनिन्ह रेख तिन्ह खाँची। भरत भुआल होहिं यह साँची॥

इस प्रसंग के चित्रण को देख यह समझा जा सकता है कि गोस्वामी जी ने मानव अन्तःकरण के कैसे-कैसे रहस्यों का उद्घाटन किया है। ऐसी गूढ़ उद्भावना बिना सूक्ष्म अन्तर्दृष्टि के नहीं हो सकती।

बालकों की प्रवृत्ति का चित्रण हम परशुराम और लक्ष्मण के संवाद में पाते अकारण चिढ़नेवालों को चिढ़ाना बालकों के स्वभाव के अन्तर्गत होता है। चिड़चि लोगों की दवा करने का भार मानो समाज ने बालकों को ही दे रखा है। राम विनय करने पर भी परशुराम को ज्यों ही लक्ष्मण चिढ़ते देखते हैं, त्यों ही उनकी बाल-प्रवृत्ति जाग्रत हो जाती है। लक्ष्मण का स्वभाव उग्र था, इससे इस कौतुक के बीच-बीच में क्रोध का भी आभास हमें मिलता है। परशुराम की आकृति जब अत्यन्त भीषण और वचन अत्यन्त कटु हो जाते हैं, तब लक्ष्मण के मुँह से व्यंग्य वचन न निकलकर अमर्ष के उग्र शब्द निकलने लगते हैं। परशुराम जब कुठार दिखाने लगे, तब लक्ष्मण को भी क्रोध आ गया और वे बोले–

भृगुवर परसु देखावहु मोही। बिप्र बिचारि बचेउ नृप द्रोही॥
मिले न कबहुँ सुभट रन गाढ़े। द्विज देवता घरहीं के बाढ़े॥

गोस्वामी जी ने लक्ष्मण की इस बाल-प्रवृत्ति को लोकव्यवहार से बिलकुल अलग नहीं रखा है, इसे परशुराम की क्रोधशीलता की प्रतियोगिता में रखा है। यह भी अपना लोकोपयोगी स्वरूप दिखा रही है। यदि परशुराम मुनियों की तरह आते, जो शान्त और क्षमाशील होते हैं, तो लक्ष्मण को अवसर न मिलता। रामचन्द्र जी कहते हैं–

जौ तुम्ह औतेहु मुनि की नाईं। पद रज सिर सिसु धरत गोसाईं॥
छमहु चूक अनजानत केरी। चहिअ बिप्र उर कृपा घनेरी।

●●●